GARDE DE PARIS.

INSTRUCTION

SUR LE SERVICE

DE LA GARDE DE PARIS.

PAR LE COLONEL E. TISSERAND.

Prix : 2 francs.

Paris.

LÉAUTEY, IMPRIMEUR-LIBRAIRE DE LA GARDE DE PARIS,
Rue Saint-Guillaume, 21, F. S.-G.

1853.

AVERTISSEMENT.

En l'absence d'un règlement sur le service spécial du corps, cette instruction, qui n'a d'autre mérite que de résumer les règlements en vigueur et tous les ordres donnés jusqu'à ce jour pour régulariser les différentes parties du service journalier de la garde de Paris, a paru le moyen le plus efficace de faciliter aux militaires de tous grades l'accomplissement ponctuel des obligations qui leur sont imposées, suivant la nature des services auxquels ils sont appelés à concourir.

Pour tout ce qui n'est pas prévu dans cette instruction, on se conformera à l'ordonnance du 29 octobre 1820 sur le service de la gendarmerie, au règlement d'administration de la gendarmerie, et subsidiairement aux règlements sur le service intérieur des troupes à pied et à cheval, relativement aux dispositions qui peuvent, sans inconvénient, s'appliquer au service de l'arme.

NOTA.—Cette instruction étant la propriété du corps, les capitaines commandants sont responsables du nombre d'exemplaires qui leur a été délivré. Lorsqu'ils quittent le corps, ils en font la remise à l'officier qui les remplace. Tout officier, sous-officier et brigadier quittant le corps, doit faire la remise de son instruction à son capitaine commandant; les militaires de l'état-major en font la remise au lieutenant d'habillement. Tout militaire qui ne pourra représenter son instruction, ou qui la remettra en état de dégradation, sera tenu d'en rembourser le prix, fixé à 2 fr.

(C.)

INSTRUCTION

LE SERVICE DE LA GARDE DE PARIS.

CHAPITRE Ier.

ART. 1er.

1° Le lieutenant colonel dirige tous les détails du service intérieur, de la discipline, de la tenue et de l'instruction théorique et pratique de son arme; il donne à ces différentes parties une marche suivie et régulière. Tous les ordres qu'il donne pour ces détails, le sont toujours au nom du colonel.

2° Il soumet à l'approbation du colonel le tableau de travail de son arme, ainsi que les modifications que le cours des saisons oblige d'y apporter (les lieutenants colonels se concertent entre eux pour la concordance qu'ils doivent apporter dans l'établissement de ce tableau, chacun en ce qui concerne le travail de son arme).

3° Le lieutenant colonel assiste à tous les exercices généraux ou de détail de son arme, excepté à ceux des 2e classes d'instruction qu'il doit simplement surveiller.

4° Toutes les demandes ou rapports concernant les militaires de son arme lui sont transmis par ses chefs d'escadrons.

5° Il tient le registre du personnel de son arme, sur lequel il inscrit, au fur et à mesure, les punitions infligées à ses officiers, et, à la fin de chaque semestre, ses notes sur chacun d'eux. En l'absence du lieutenant colonel, ce registre est remis au colonel.

6° Le dernier jour de chaque trimestre, le lieutenant colonel adresse au colonel, signé par lui et pour copie conforme, l'extrait du Registre du personnel, en ce qui concerne les punitions infligées aux officiers pendant le trimestre écoulé.

7° Le double du tableau d'avancement aux différents grades, concernant les militaires de son arme, lui est remis.

8° Il vérifie la tenue des registres d'ordres, de punitions, des sous-officiers de semaine, livres d'ordinaires et carnets de décisions de ses compagnies ou escadrons, et adjudants.

8° Chaque dimanche, il reçoit, par la voie du rapport, les situations hebdomadaires de ses compagnies ou escadrons, qui lui sont adressées par ses capitaines commandants.

9° Lorsque le lieutenant colonel est absent ou indisponible, il est remplacé, pour le commandement de la troupe et pour la signature et la transmission des pièces, par le plus ancien des chefs d'escadrons de son arme, ce qui ne dispense cet officier supérieur d'aucune des fonctions et services de son grade.

10° Lorsque le colonel est absent ou indisponible, il est remplacé, dans le commandement du corps, par le plus ancien des lieutenants colonels.

Service de se- 11° Les lieutenants colonels roulent entre eux et par semaine, pour le service
maine. de semaine.

12° Le lieutenant colonel de semaine assiste tous les jours au rapport, excepté le dimanche.

13° Il visite, de temps à autre, les casernes, s'assure de leur tenue, fait rassembler les piquets et les gardes de police, en passe l'inspection; si cette visite a lieu à l'heure du rapport, il y est remplacé par le chef d'escadrons de semaine; dans ce cas, il assiste à l'appel de 9 heures 1/4; il inspecte les compagnies, les gardes et piquets montants, fait exercer la garde au maniement d'armes avant de la faire défiler; visite ensuite les chambrées, cuisines, prisons, salles de police, selleries, écuries et infirmeries des chevaux.

14° Il adresse, le dimanche, au colonel, un rapport hebdomadaire sur son service de semaine, avec ses observations sur les infractions ou irrégularités qu'il a remarquées ou rectifiées; il y joint les rapports des chefs d'escadrons et de l'adjudant-major de semaine, qui ont dû lui parvenir le dimanche par la voie du rapport.

Ronde des pos- 15° Les lieutenants colonels roulent, avec les chefs d'escadrons, pour le service
tes. de rondes des postes occupés par le corps.

Détachements. 16° Les lieutenants colonels ne sont commandés de service de détachements que d'après l'ordre du colonel, et lorsque la force des détachements comporte la présence de l'un de ces officiers supérieurs; ils alternent entre eux pour ce service.

ART. 2.

Chef d'escadrons. 1° Le chef d'escadrons est responsable du service intérieur, de la tenue, de la discipline et de l'instruction théorique et pratique de son bataillon ou escadrons; il assiste aux exercices généraux et de détail des pelotons modèles et des compagnies ou escadrons placés sous ses ordres; il surveille les 2e classes d'instruction, dirigées par son adjudant-major.

2° Il passe, vers la fin de chaque semestre, une revue d'habillement, d'armement, de grand et de petit équipement, de harnachement et des munitions de son bataillon ou escadrons; il prescrit les remplacements ou réparations nécessaires, et rend compte, par la voie hiérarchique, du résultat de cette revue, au colonel; il vérifie, tous les mois, la tenue des livres d'ordinaire, d'ordres, carnets de décisions, registres de punitions et livres de service des sous-officiers de semaine de son bataillon ou escadrons; il vérifie également, de temps à autre, les cahiers de procès-verbaux des sous-officiers, brigadiers et gardes, et s'assure que les prescriptions de l'art. 118 sont exécutées.

3° Toutes les demandes ou rapports concernant les militaires placés sous ses ordres lui sont transmis par ses capitaines commandants; il inscrit son opinion motivée en marge de ces demandes, et, après s'être assuré de la régularité et du nombre de pièces qui doivent les accompagner, il les adresse au lieutenant colonel.

4º Les chefs d'escadrons roulent ensemble à tour de rôle, et par ancienneté de grade, avec les lieutenants colonels, pour le service de ronde des postes occupés par le corps; ils roulent entre eux pour le service de détachements, et, également entre eux, mais par arme, pour le service de semaine. Ils sont commandés dans l'ordre suivant :

ART. 3.

1º Chaque semaine, un chef d'escadrons de chaque arme est commandé pour le service de semaine; ces deux officiers supérieurs alternent entre eux, par jour, pour assister au rapport. Le jour où ils n'assistent pas au rapport, ils se rendent dans les casernes de leur arme, principalement à l'heure de l'appel du matin, et se conforment au 13ᵉ paragraphe de l'art. 1ᵉʳ; ils assistent, de temps à autre, au défilé des gardes de théâtres, qu'ils inspectent; ils font également réunir les piquets, les gardes de police, et s'assurent de la promptitude à prendre les armes et de la présence des officiers de service. *(Service de semaine.)*

2º Le chef d'escadrons de cavalerie assiste, de temps à autre, à la distribution des fourrages, et en rend compte au lieutenant colonel de cavalerie.

3º Le dimanche matin, ils adressent au lieutenant colonel, par la voie du rapport, un rapport hebdomadaire sur leur service de semaine, avec leurs observations sur les irrégularités qu'ils ont remarquées ou rectifiées.

ART. 4.

1º Lorsque le détachement est composé de militaires des deux armes, il est commandé par le premier chef d'escadrons à marcher; mais si le détachement n'est composé que de militaires de la même arme, il est commandé par un chef d'escadrons de cette arme; le chef d'escadrons dirige l'ensemble du service des détachements placés sous son commandement, et, en cas de troubles, il les réunit sur le point central indiqué par la consigne, afin de faire face à toutes les éventualités. *(Service de détachement.)*

2º Le service terminé, il adresse au colonel un rapport sur son service; il y joint les rapports des capitaines et lieutenants placés sous ses ordres, qui doivent lui parvenir aussitôt après la rentrée des détachements dans les casernes.

ART. 5.

1º Les lieutenants colonels et les chefs d'escadrons des deux armes roulent ensemble, à tour de rôle, pour ce service; ils sont commandés par le colonel. *(Service de ronde des postes.)*

2º Deux officiers supérieurs sont commandés, chaque semaine, pour visiter les postes occupés par le corps et compris dans la division qui leur est indiquée d'après le tableau des rondes; ils s'assurent de la tenue des officiers, sous-officiers et gardes de service, de l'état des armes et des cartouches, de la promptitude des factionnaires à crier : *Aux armes!* et de celle des chefs de postes à les faire prendre, de la propreté des postes; que, pendant les froids ordinaires, le thermomètre du poste ne monte pas au-dessus de 16 degrés, et au-dessus de 20 degrés dans les grands froids ; enfin, qu'en été les postes soient suffisamment aérés.

3° L'officier supérieur de ronde de postes adresse au colonel un rapport sur son service.

ART. 6.

Cas d'absence.

1° Lorsqu'un chef d'escadrons est absent, il est remplacé par le capitaine le plus ancien de son bataillon ou des escadrons, y compris le capitaine adjudant-major; toutefois, ce remplacement n'a lieu que pour le commandement dans les prises d'armes générales, et pour la signature et la transmission des différentes pièces et rapports qui doivent parvenir au colonel par la voie hiérarchique.

2° Le capitaine remplaçant un chef d'escadrons n'est dispensé d'aucune des fonctions ni services de son grade.

ART. 7.

Chef d'esca-drons-major.

1° Le major est membre et rapporteur du conseil d'administration ; il en partage la responsabilité. Il est spécialement chargé de surveiller et de contrôler toutes les parties de l'administration et de la comptabilité du corps : il exerce, à l'égard des commandants de compagnie et d'escadron, de l'officier d'habillement et d'armement et du trésorier, les droits du conseil ; il partage, dans les cas prévus par les règlements d'administration, la responsabilité des officiers comptables. Les écoles et le casernement sont sous sa direction spéciale ; il pourvoit à tous les besoins concernant ces deux services ; il passe, vers la fin de chaque semestre, une revue générale du casernement et de la literie, et vérifie les registres de comptabilité des compagnies et escadrons.

2° Le major est chargé de la correspondance relative au recrutement du corps et aux poursuites à exercer contre les déserteurs ; il vérifie et signe chaque jour, avant leur remise au trésorier, les mutations inscrites sur les situations journalières des compagnies et escadrons ; l'inscription de ces mutations doit être faite chaque jour sur un registre particulier tenu dans son bureau ; il rend compte chaque jour au colonel, au rapport du matin, de toutes les mutations survenues dans le personnel des hommes et des chevaux ; enfin, il se conforme aux dispositions des règlements des troupes à pied et à cheval, pour tout ce qui est du ressort de ses attributions.

Cas d'absence.

3° Le major absent est remplacé par un capitaine commandant ou par un capitaine adjudant-major propre aux fonctions de major ; en aucun cas, il ne peut être remplacé par le trésorier, ni par l'officier d'habillement.

ART. 8.

Capitaine.

1° Le capitaine s'attache à connaître le caractère et l'intelligence de ses subordonnés, afin de les traiter en toutes circonstances avec une justice éclairée ; il doit leur rendre facile la pratique de leurs devoirs, par ses conseils et par une constante sollicitude pour leur bien-être; il est responsable de l'instruction municipale et militaire, de la discipline et de la tenue des militaires de sa compagnie ou escadron.

2° La gestion de l'ordinaire, la masse individuelle et les soins à donner aux chevaux sont l'objet d'une attention constante de sa part. Il surveille avec soin toutes les opérations de comptabilité et la tenue de tous les registres, qu'il vérifie et arrête tous les trimestres; il s'assure que la solde est faite exactement à ses subordonnés, fait passer tous les mois, par les lieutenants de peloton ou de section, une revue générale de l'habillement, équipement, harnachement, armement et des munitions; il passe lui-même une revue semblable du 20 au 24 du dernier mois de chaque trimestre, et en adresse, le 25 du même mois, le résultat au major.

3° Le capitaine se fait rendre compte tous les samedis, par les officiers de peloton ou de section, des effets qui ont besoin de réparations, ou qui ont été réparés.

4° Le capitaine ne peut se dispenser, que pour cause de maladie ou de service, de se rendre au magasin du corps pour les réceptions d'effets d'habillement et de grand équipement. (Voir à ce sujet les art. 181 à 189, 200 à 203.)

5° Les capitaines des deux armes roulent ensemble, à tour de rôle et par ancienneté de grade, pour le service: 1° de police; 2° de détachement; 3° de ronde de postes; 4° d'hôpital; 5° de théâtres. Les distributions de fourrages sont présidées exclusivement par les capitaines de cavalerie.

ART. 9.

1° Dans chacune des casernes occupées par le corps, un capitaine est commandé pour le service de police; les capitaines des deux armes roulent ensemble à tour de rôle et par caserne, pour ce service, qui commence le dimanche à la parade et finit le dimanche suivant à la même heure; il est réglé sur trois tours, c'est-à-dire que, dans les casernes où il y a moins de trois capitaines, les fonctions de capitaine de police sont remplies par le plus ancien des lieutenants de semaine pendant un ou deux tours, selon qu'il n'y a que deux ou un capitaine présents dans la caserne.

2° Le capitaine de police est chargé et responsable de tous les détails du service; il ne peut s'absenter sans en avoir obtenu l'autorisation du chef d'escadrons de semaine de son arme, à moins que ce ne soit pour un service commandé, dans tous les cas, il se fait remplacer par le plus ancien des officiers de semaine. Il se fait rendre compte, par l'adjudant, de tous les ordres donnés, de tous les services commandés, afin de pouvoir prendre les dispositions nécessaires pour en assurer la complète exécution.

3° Il se fait représenter, par l'adjudant, le carnet des décisions, après le rapport du matin et à la rentrée du sous-officier qui va copier les ordres à une heure à l'état-major; il signe ce carnet. Il se fait également représenter par l'adjudant les notes du service de toute espèce à fournir, et s'assure qu'aucune omission n'a été commise; enfin, il surveille, le 30 de chaque mois (art. 42), la répartition mensuelle de tous les services qui doit être faite par l'adjudant, conjointement avec les maréchaux des logis chefs des compagnies et escadrons.

Capitaine de police.

4° Le capitaine de police est chargé de surveiller la propreté extérieure et intérieure des casernes, relativement aux cours, corridors et escaliers ; il ne visite que les chambrées de sa compagnie ou escadron.

5° Le capitaine de police surveille les écoles élémentaires , en ce qui touche à leur police et à la tenue des militaires qui les fréquentent, mais il doit rester entièrement étranger au mode d'enseignement ; il surveille également les cuisines, cantines, pensions des sous-officiers, salles de police et prisons.

6° Il préside à tous les appels et réunions, s'assure de la présence des officiers de semaine aux appels, pansages et promenade des chevaux. Le résultat des appels et pansages lui est rendu par les officiers de semaine. Il passe l'inspection de tous les détachements commandés par des officiers ; l'adjudant passe l'inspection des détachements commandés par des sous-officiers et lui en rend compte. Il veille au départ de ces détachements aux heures indiquées ; si ces détachements partent peu de temps avant le repas du matin ou du soir, et que leur absence doive se prolonger, le capitaine de police donne l'ordre aux brigadiers de semaine de faire préparer leur repas et de le leur faire distribuer avant le départ.

7° Il fait rassembler plusieurs fois le piquet, afin de s'assurer de la présence des militaires de service ; il en passe, chaque fois, l'inspection en présence de l'officier de piquet ; il s'assure également de la présence des militaires de garde à la police.

8° Tous les matins, à l'heure fixée par le tableau de travail, il adresse au colonel son rapport avec toutes les pièces qui lui ont été remises par les chefs des différents services.

9° Le capitaine de police se conforme, en cas d'incendie, aux art. 105 et 109 de la présente instruction, sauf le cas d'ordres spéciaux.

Pour l'inspection et le commandement des détachements éventuels ou autres, aux art. 10 et 24.

Pour le cas de maladie subite, pendant la nuit ou la journée, à l'art. 33.

Pour la surveillance à exercer sur l'adjudant et les cas de sortie de ce dernier, aux art. 35 et 38.

Pour la surveillance à l'égard du maréchal des logis et du brigadier de garde à la police, ainsi que pour la police des cuisines, aux art. 52 et 60.

Pour la propreté intérieure et extérieure des casernes et leur éclairage, à l'art. 77.

Pour les étrangers qui demanderaient à coucher au quartier, à l'art. 77.

Pour le cas où l'eau potable viendrait à manquer dans la caserne, à l'art. 79.

Pour les heures de service journalier, aux art. 96 et 97.

Pour les différents appels et le défilé de la garde, aux art. 84, 90, 91, 92 et 93.

Pour le service des patrouilles, aux art. 105 et 106.

Pour le défilé des théâtres, à l'art. 107.

Pour les différentes tenues, aux art. 129 et suivants, jusqu'à l'art. 151.

Pour les hommes qui rentrent en état d'ivresse, à l'art. 153.

Pour la tenue du registre de punitions du corps de garde, aux art. 36 et 52.

ART. 10.

Rapport du capitaine de police.

1° Le rapport du capitaine de police doit contenir l'historique de ce qui s'est passé dans sa caserne pendant les vingt-quatre heures ; il indique le nom de l'officier de piquet, du sous-officier de garde à la police et de celui de piquet; ses visites aux salles de police, cuisines, pensions des sous-officiers, prisons, cantines et écoles; le numéro des ordres qui ont été lus. Il mentionne l'heure de la sortie et de la rentrée de tout détachement requis, pour service éventuel, par les autorités civiles ou militaires, ou qu'il aurait été dans le cas de faire marcher de sa propre autorité.

2° Lorsqu'un officier supérieur se présente à la caserne, il en est informé par l'adjudant; il l'accompagne dans sa visite.

Art. 11.

1° Pour tout événement grave, le capitaine de police adresse sans retard, au colonel, un rapport indiquant les mesures qu'il aurait été dans le cas de prendre immédiatement.

2° Aussitôt la sortie d'un détachement pour un service éventuel, soit par réquisition de l'autorité, soit par son ordre, il en donne immédiatement avis, par écrit, au colonel, en indiquant la force numérique du détachement, sa mission, et le nom du chef qui le commande.

Détachement sortant pour service éventuel compte à rendre

Art. 12.

1° Les capitaines des deux armes roulent ensemble, à tour de rôle, pour ce service, lorsque le détachement est composé de militaires des deux armes; mais si le détachement n'est composé que de militaires de la même arme, il est commandé par un capitaine de cette arme. Les adjudants-majors ne concourent pas, pour ce service, avec les capitaines.

2° Le capitaine commandant un détachement se conforme à l'art. 4 de cette instruction pour la direction à donner à son service, s'il n'est pas placé sous les ordres d'un officier supérieur; dans le cas contraire, il adresse à cet officier supérieur son rapport et ceux des officiers placés sous ses ordres, qui ont dû lui parvenir aussitôt la rentrée des détachements dans les casernes. Il indique, sur son rapport, le nom de ces officiers, la force numérique et par arme des détachements, et rend compte de tous les événements survenus pendant le service.

Service de détachement.

Art. 13.

1° Les capitaines des deux armes et les adjudants-majors roulent ensemble, à tour de rôle, pour ce service, à l'exception du capitaine adjudant-major chargé de la direction du service.

2° Un capitaine est commandé chaque jour pour la ronde des postes. Il visite la division qui lui est désignée, d'après le tableau affiché dans le bureau de sa compagnie ou escadron ; il se conforme à ce qui est prescrit à l'art. 5 de cette instruction, et adresse au colonel un rapport sur son service.

3° Les adjudants-majors portent spécialement leur attention sur l'instruction des chefs de poste, l'administration du chauffage, l'entretien des consignes, mobilier et petits effets appartenant au corps, et sur les modifications à apporter dans le service des postes. Il se font accompagner par le brigadier de pose pour

Service de ronde des postes.

faire répéter aux factionnaires, leur consigne, afin de s'assurer quelle est bien donnée et comprise, et qu'elle n'émane que des autorités ayant droit de la donner.

4° L'heure fixée par l'état-major, pour la ronde, est celle du départ de la caserne.

Art. 14.

Service de ronde d'hôpital.

Le service de ronde d'hôpital roule comme il est prescrit à l'article précédent. Tous les quatre jours, un capitaine est commandé pour visiter les hôpitaux où se trouvent des militaires du corps. Il s'assure de la bonne qualité des aliments, qu'il vérifie à la cuisine; il examine la viande déposée à la boucherie; se transporte ensuite à la panneterie, où il vérifie le poids des rations et la qualité du pain et du vin; il visite les salles occupées par les militaires du corps, et constate l'état de la literie. Il mentionne, sur son rapport, l'heure de son arrivée et sortie de l'hôpital, ainsi que toutes les observations qu'il croit devoir faire dans l'intérêt des malades, ou qui lui sont faites par l'administration; il y fait donner suite immédiatement par le directeur, s'il y a possibilité, et, en cas de refus, il en informe le colonel, et consigne les réclamations sur le registre de l'hôpital; enfin, il mentionne sur son rapport le nombre de malades et le nom de ceux en danger qui ont été ou doivent être l'objet de graves opérations.

Art. 15.

Service de ronde des théâtres.

1° Les capitaines et adjudants-majors des deux armes roulent ensemble, à tour de rôle, pour ce service. Chaque jour, un capitaine est commandé pour faire la ronde des théâtres.

2° Le capitaine de ronde ne doit point se présenter avant sept heures au premier établissement qu'il visite; il constate la présence des militaires de service, et fait constater l'heure de son passage sur le rapport du sous-officier de service; il fait mention, dans son rapport, de tout ce qu'il remarque de contraire au service, et des observations et plaintes qui peuvent lui être faites par les chefs d'établissements. Il s'assure si les consignes sont bien observées, si les militaires sont dans une tenue régulière, s'ils se tiennent au poste qui leur est assigné, et s'ils ne pénètrent pas dans la salle, sans en être requis par l'autorité.

Art. 16.

Distribution de fourrage.

1° Les capitaines de cavalerie roulent entre eux pour les distributions de fourrage. Ils sont commandés chaque quinzaine, pour ce service.

2° Le capitaine de distribution se rend, aux jour et heure indiqués, au magasin à fourrage, porteur d'un bon détaillé, ainsi que d'une note de chaque escadron, indiquant la quantité de fourrage à emporter et celle à laisser pour le service des postes. Il se conforme aux dispositions suivantes:

3° Il vérifie, en présence de l'officier de semaine, du fourrier, du brigadier et des gardes de corvée de chaque escadron, la qualité du foin et de la paille; fait faire de chaque espèce une pesée de dix bottes, afin de s'assurer qu'elles sont du poids de 5 kilogrammes chaque. Dans le cas contraire, il fait ajouter le supplément, et en rend compte dans son rapport. Il fait renouveler les pesées plusieurs fois pendant la distribution, afin de se convaincre que la manutention est bien égale ; il s'assure que l'avoine est propre, saine et sèche, et qu'elle a le poids voulu ; il fait ajouter à la pesée la tare des sacs, qui est d'un kilo et demi, terme moyen.

4° Si le fourrage ne remplit pas les conditions du marché, dont le capitaine de distribution a la copie, il se rend de suite chez le major, qui fait toutes les démarches nécessaires pour réprimer les abus.

5° Les voitures étant chargées, le capitaine donne l'ordre qu'elles soient escortées, jusqu'à destination, par le fourrier, le brigadier et les gardes, qui assistent à la distribution, et attend ou se trouve de nouveau au magasin pour renouveler ses opérations lors du retour des voitures pour la distribution des autres escadrons.

6° A l'arrivée des fourrages dans les casernes, le maréchal des logis de semaine procède à son emmagasinement, et en rend compte à l'officier de semaine.

7° Le capitaine de distribution de fourrage adresse au chef d'escadrons major un rapport sur la distribution, conforme au modèle adopté pour le corps.

ART. 17.

1° Les adjudants-majors des deux armes roulent entre eux pour le service de semaine, excepté celui chargé de la direction du service.

Capitaine adjudant-majo de semaine.

2° Un adjudant-major est commandé, à tour de rôle, pour le service de semaine. Il assiste tous les jours au rapport, en tenue du matin, excepté le dimanche ; il visite, principalement à l'heure du défilé des théâtres, les casernes où les fonctions de capitaine de police sont remplies par un lieutenant ; il se conforme, dans cette visite, aux prescriptions de l'art. 9, concernant les fonctions du capitaine de police.

3° Les capitaines adjudants-majors ne concourrent pas avec les autres capitaines pour le service des détachements ; ils marchent, à tour de rôle, avec les chefs d'escadrons, chaque fois que ces officiers supérieurs sont commandés de service de détachement.

Service de détachement.

4° Par exception au 2ᵉ paragraphe de cet article, l'adjudant-major de cavalerie visite, en outre de ce qui lui est prescrit par ce même paragraphe, les casernes de son arme, où les fonctions de capitaine de police sont remplies par un capitaine d'infanterie ; dans ce cas, il se borne à surveiller le pansage, les gardes d'écurie et les repas des chevaux.

5° Sur l'ordre du colonel, et en raison de la spécialité de son service, l'adjudant-major de semaine se rend indistinctement dans toutes les casernes occupées par le corps, pour y faire l'appel des piquets et des hommes qui y stationneraient pour un service éventuel ou extraordinaire.

6° Le dimanche au matin, l'adjudant-major adresse, par la voie du rapport, au lieutenant colonel de semaine, son rapport hebdomadaire, indiquant les jours et heures de ses visites dans les casernes, et ses observations sur le service.

ART. 18.

Service spécial des adjudants-majors.

1° Un des adjudants-majors est chargé, sous la direction du colonel, de commander tous les services du corps.

2° Un adjudant-major d'infanterie est chargé de la surveillance spéciale des postes de théâtres, bals et concerts publics.

3° Un adjudant-major de cavalerie est chargé de la surveillance spéciale des postes de cavalerie.

4° Un adjudant-major d'infanterie est chargé de la surveillance spéciale des postes d'infanterie.

5° Les adjudants-majors désignés aux 2e, 3e et 4e paragraphes, font, le 25 du dernier mois de chaque trimestre, une ronde spéciale de tous les postes et établissements placés sous leur surveillance. Ils vérifient l'état des localités des postes, du mobilier des consignes, et proposent, sur leur rapport au colonel, toutes les réparations nécessaires au mobilier, et toutes les modifications qu'ils jugeraient favorables à l'exécution du service.

6° Les adjudants-majors sont chargés des enquêtes que le colonel peut prescrire sur des militaires de leur arme, l'adjudant-major chargé du service excepté.

7° Un adjudant-major de cavalerie est chargé de l'instruction des jeunes chevaux. Il a sous ses ordres un sous-officier désigné pour le seconder. (Art. 126 de l'instruction.)

8° Les adjudants-majors des deux armes sont chargés de diriger et surveiller, chacun dans leur bataillon ou escadrons, l'instruction pratique et théorique des sous-officiers, brigadiers et gardes candidats, des 2es classes d'instruction; des officiers désignés par le lieutenant colonel de leur arme leur sont adjoints pour les seconder dans ce service. Ils se conforment, pour cet objet, aux dispositions des art. 117 à 127 de l'instruction; ils surveillent également l'instruction des tambours et trompettes, et s'assurent que les écoles ou répétitions ont lieu au jour et heure indiqués par le tableau de travail.

ART. 19.

Adjudant-major chargé de la direction du service.

1° L'adjudant-major chargé de la direction du service doit s'attacher à connaître à fond la présente instruction, les règlements du service intérieur des troupes à pied et à cheval, ainsi que le règlement sur le service des places. Il transmet aux officiers supérieurs du corps les ordres donnés par le colonel pour l'exécution du service; il en surveille l'exécution à l'égard de ses inférieurs, et rend immédiatement compte au colonel de toutes les infractions qu'il remarque dans le service. Son travail et sa surveillance sont de tous les instants, et exigent de sa part la plus grande exactitude, surtout dans la répartition du service mensuel et éventuel, afin de ne pas surcharger une caserne au bénéfice d'une autre. Il doit toujours avoir en vue que le moindre retard ou la moindre omission dans la transmission des ordres peuvent compromettre le résultat du service, de l'exécution duquel il est personnellement responsable envers le colonel.

Il a sous ses ordres, pour l'aider dans son travail :

Un maréchal des logis ;

Le brigadier d'ordre, qui se rend tous les jours à l'état-major de la place ;

Dans un cas pressant, il est autorisé à se servir de tous les secrétaires présents à l'état-major. Pour le service extérieur, le brigadier de planton est à ses ordres ; le poste de la Préfecture lui fournit les ordonnances à pied et à cheval pour porter les dépêches dans les postes, casernes et autres lieux.

2° L'adjudant-major n'agit jamais qu'en vertu des ordres du colonel. Il commande tous les services journaliers et éventuels, dont il rend compte au colonel. A la fin de chaque mois, il lui présente la répartition du service mensuel par caserne, et, à chaque grand service, celle de ce service ; il prépare tous les ordres concernant le service, et les soumet à l'approbation du colonel avant de les transmettre dans les casernes. Tous les matins, et aussitôt l'arrivée des plantons des casernes et des postes, il procède au dépouillement des rapports de service des postes, théâtres, patrouilles et casernes, et en opère le classement dans le portefeuille ; il se rend ensuite au bureau du colonel, conformément à l'art. 98 de cette instruction, pour lui en donner une analyse verbale.

3° L'adjudant-major chargé de la direction du service tient, sous la direction du colonel, le registre des ordres du jour du corps, de l'état-major de la place et de la division. Registre d'ordres.

4° Les dépêches des différents bureaux du corps lui sont remises ; il les expédie à leur destination et en fait tirer des reçus ; en l'absence du colonel, il est autorisé à ouvrir les dépêches provenant des états-majors de la place, de la division et du cabinet du préfet de police, afin de pourvoir immédiatement aux services d'urgence qui seraient ordonnés ; il en rend compte au colonel, aussitôt son retour, toutes les dépêches provenant des différents ministères, sont remises immédiatement au colonel.

5° Il se conforme à l'art. 22, concernant les changements de tours de service, entre les officiers ; chaque quinzaine, il indique, par la voie du rapport, aux compagnies et escadrons, la taxe du prix du pain, qui lui est adressée par la préfecture de police ; le samedi de chaque semaine, il remet au colonel, lieutenant-colonel et chefs d'escadrons de semaine, l'état nominatif, et par caserne, des officiers entrant en semaine.

<h2 style="text-align:center">Art. 20.</h2>

1° Le lieutenant maintient un ordre invariable dans son peloton ou section ; il y excite l'émulation, dirige les maréchaux des logis et brigadiers placés sous ses ordres, dans l'accomplissement de leurs fonctions ; il se fait rendre compte par eux de tout ce qui se passe dans l'intérieur de son peloton ou de sa section. Lieutenant.

2° Dans sa revue du samedi, le lieutenant de peloton ou section s'assure de l'état de l'habillement de ses subordonnés ; il prescrit les réparations qu'il juge nécessaires ; il veille à ce que les effets désignés pour être réparés soient portés le lundi au magasin du corps et en soient retirés le samedi ; il vérifie si les réparations ont été convenablement exécutées ; il en rend compte à son capitaine, ainsi que de la revue générale de l'habillement, équipement, harnachement, armement et des munitions, qu'il passe chaque mois, au jour fixé par son capitaine.

3° Il veille à ce que les nouveaux admis soient instruits, par les sous-officiers et brigadiers, sur tout ce qui concerne les détails du service et de l'instruction municipale, et les interroge souvent pour s'assurer de leurs progrès. Le plus ancien lieutenant, dans chaque compagnie et escadron, a la surveillance de l'ordinaire, et remplace le capitaine en cas d'absence.

ART. 21.

Service de semaine.

1° Dans chaque compagnie et escadron, un lieutenant est commandé de semaine. Le lieutenant de semaine se conforme, pour son service, au règlement du service intérieur de son arme, pour tout ce qui est applicable au service du corps ; il surveille le maréchal des logis et le brigadier de semaine dans l'accomplissement de leurs devoirs. Chaque jour, après la parade, il vérifie le registre de service du maréchal des logis de semaine, et s'assure, en le signant, que tous les services ordonnés pour la journée y soient inscrits.

2° Le lieutenant de semaine de cavalerie, commandé pour un service qui l'empêche de se trouver aux pansages et à la promenade des chevaux, est remplacé pour ces deux services (lorsqu'il y a au moins deux officiers présents à l'escadron) par l'officier qui prend la semaine après lui ; l'appel du soir est rendu par le maréchal des logis chef.

Lorsqu'un officier est seul à l'escadron, pour le service de semaine, il assiste tous les jours aux pansages ; le plus ancien des maréchaux des logis conduit la promenade des chevaux ; l'appel du soir est rendu par le maréchal des logis chef.

Le lieutenant de semaine de cavalerie tient la note du mouvement qui se fait au magasin à fourrages de son escadron ; il rend compte à son capitaine, le jour de chaque distribution, de la quantité et de la qualité de fourrages et de rations d'avoine entrés en magasin, et de la situation de l'avoir en magasin.

3° Le lieutenant de semaine d'infanterie, commandé pour un service qui l'empêche d'assister à l'appel du matin, est remplacé par le second lieutenant de la compagnie pour cet appel ; pour celui du soir, il est remplacé par le maréchal des logis chef.

4° Lorsqu'il n'y a qu'un lieutenant dans une compagnie d'infanterie, il assiste tous les jours à l'appel du matin ; l'appel du soir est rendu par le maréchal des logis chef.

ART. 22.

Tours de service des lieutenants

Les lieutenants sont commandés, à tour de rôle, dans l'ordre suivant, pour le service :

1° La garde ; 2° détachement ; 3° piquet ; 4° ronde des postes ; 5° théâtres et bals publics.

2° Les officiers de semaine de tous grades ne peuvent changer qu'entre eux de tour de service ; ils ne peuvent changer de tour de service avec des officiers qui ne sont pas de semaine, à moins toutefois que ces derniers ne les remplacent dans leur service de semaine.

Aucun changement de tour de service n'est accordé à un officier qui subit une punition.

3° Les changements de tour de service sont accordés aux lieutenants par le capitaine adjudant-major chargé de la direction du service; les capitaines et officiers supérieurs s'adressent au lieutenant colonel de semaine.

ART. 23.

Les lieutenants des deux armes roulent ensemble, à tour de rôle, pour ce service. Ils sont commandés de préférence pour les postes fournis par leur caserne; ils défilent à la tête de leur garde lorsqu'elle est fournie par la caserne, et la conduisent au poste. Dans le cas contraire, après la parade, il se rendent au lieu de station indiqué à proximité de leur poste, où ils prennent le commandement de leur garde pour la conduire au poste. *Service de garde.*

ART 24.

1° Les lieutenants des deux armes roulent ensemble et à tour de rôle pour ce service, lorsque le détachement est composé de militaires des deux armes; mais dans le cas où le détachement n'est composé que de militaires de la même arme, il est commandé par un lieutenant de cette arme. *Service de détachement.*

2° Pour tous les services prévus, les lieutenants sont commandés de détachement par l'adjudant-major chargé de la direction du service, conformément à la règle établie ci-dessus.

3° Pour tout service imprévu, ordonné par le colonel, le capitaine de police, ou requis éventuellement dans les casernes par les différentes autorités, le lieutenant de piquet marche avec le premier détachement, s'il est composé de militaires des deux armes; si c'est un détachement d'infanterie et que l'officier de piquet soit de l'arme de la cavalerie, le capitaine de police désigne, pour le commander, un des officiers de semaine d'infanterie présents, en suivant l'ordre numérique des compagnies. Si au contraire le détachement est à cheval, il est commandé par l'officier de semaine de cavalerie. Le lieutenant de piquet et l'officier de semaine de cavalerie ne peuvent être repris pour commander de nouveaux détachements dans une période de vingt-quatre heures, à moins que tous les lieutenants de la caserne n'aient marché après eux. En l'absence de l'officier de piquet et de l'officier de semaine de cavalerie, partis en détachement, si de nouveaux détachements étaient requis, le capitaine de police désignerait pour les commander, en suivant l'ordre numérique des compagnies ou escadrons, suivant le cas : 1° les officiers de semaine; 2° et, à leur défaut, les officiers présents qui ne sont pas de semaine.

4° Un tour de piquet est marqué à tout officier sortant de la caserne à la tête d'un détachement pour un service prévu ou imprévu, quel que soit le laps de temps qu'ait duré sa mission.

5° Aussitôt leur arrivée sur le terrain, les lieutenants donnent connaissance de leur consigne à leurs sous-officiers, leur partagent la ligne de leur parcours, les chargent de placer les factionnaires ou vedettes aux endroits indiqués, et de les surveiller. Ils font ensuite une tournée pour vérifier si chacun est à son poste et si les consignes sont bien données et bien comprises. Ils surveillent tout l'ensemble de leur service. *Service pour les grandes fêtes.*

6° Ils se tiennent habituellement au lieu indiqué pour leur station, afin de se présenter aux officiers supérieurs et capitaines sous les ordres desquels ils sont placés, lors de leur passage, et pouvoir leur rendre compte.

7° Aux heures indiquées sur leur feuille de service, ils font exécuter les consignes avec fermeté et politesse. Si, cependant, quelques modifications doivent être apportées aux consignes, elles sont indiquées par les commissaires de police ou officiers de paix présents sur les lieux, qui en prennent toute la responsabilité. Toutefois, les officiers de service, tout en apportant à l'égard de ces fonctionnaires la conciliation et le liant que leur caractère comporte, ne souffrent pas qu'ils exercent un commandement sur la troupe; ces fonctionnaires doivent, à moins de cas très-urgents, se concerter avec l'officier commandant, pour toute modification à apporter à l'exécution des consignes concernant le service.

8° Le service terminé, les lieutenants ne quittent les lieux confiés à leur surveillance que d'après les ordres du capitaine ou des officiers supérieurs sous le commandement desquels ils sont placés; ils doivent reconduire leur détachement, s'il est de leur caserne; dans le cas contraire, ils en remettent le commandement au sous-officier le plus ancien, et, à leur rentrée, ils déposent la consigne de leur service entre les mains de l'adjudant, et adressent leur rapport au capitaine sous les ordres duquel ils étaient de service, ou directement au colonel, s'ils n'avaient point de supérieur immédiat. Ils inscrivent sur ce rapport tous les événements survenus, la composition numérique et par arme des militaires de leur détachement; ils inscrivent, en outre, au dos de ce rapport, le nom des sous-officiers et gardes de service, et, en regard, l'emplacement occupé par chacun d'eux.

9° Lorsqu'un détachement est composé de plusieurs lieutenants, le plus ancien fait le rapport. Si des officiers ou sous-officiers sont détachés du commandement de leur chef pour un service particulier, ils doivent, à leur rentrée, lui remettre un rapport qu'il joint au sien.

ART. 25.

Service de piquet.

1° Les lieutenants de semaine des deux armes roulent ensemble, dans chaque caserne, pour ce service, qui est réglé sur trois tours, c'est-à-dire que, lorsque le nombre des lieutenants de semaine de la caserne est au-dessous de trois, ce nombre est complété par les maréchaux des logis chefs, qui remplissent les fonctions de lieutenant de piquet.

2° L'adjudant-major chargé de la direction du service commande chaque jour, dans chaque caserne, un des lieutenants de semaine pour être de piquet.

Ce service commence à la parade et finit le lendemain à la même heure.

3° Le lieutenant de piquet est dans la tenue de service du jour; celui de cavalerie doit se tenir prêt à monter à cheval. Le lieutenant de piquet assiste à la parade, et défile à la tête du piquet, s'il est composé de vingt hommes.

4° Il doit toujours être présent et prendre le commandement du piquet chaque fois qu'il est rassemblé par ordre d'un officier supérieur, du capitaine de police ou de l'adjudant-major de semaine. Il ne peut s'absenter de la caserne que pour aller prendre ses repas à proximité, en indiquant aux sous-officiers de piquet et de garde le lieu où l'on pourrait le trouver.

5° Le lieutenant de piquet, logé en ville, se tient constamment chez lui ou à la caserne, et toujours prêt à marcher.

6° Le lieutenant de piquet ne peut accorder aucun changement de tour de piquet, ces permissions devant être accordées par le lieutenant de semaine de la compagnie dont le militaire fait partie; seulement, il peut accorder, à ceux qui le demandent pendant le courant de la journée, leur remplacement momentané.

Art. 26.

1° Les lieutenants des deux armes roulent ensemble, et à tour de rôle, pour ce service. Chaque jour, le capitaine adjudant-major chargé de la direction du service commande deux lieutenants pour la ronde des postes. Ces officiers visitent la division qui leur est désignée d'après le tableau affiché au bureau de leur compagnie ou escadron; ils vérifient l'effectif des militaires de service porté sur la feuille de rapport, sur laquelle ils signent en indiquant l'heure de leur visite. Ils s'assurent de la propreté du poste, de la tenue des militaires de service et de l'état des cartouches, des armes, du mobilier et des consignes.

2° Ils se servent de l'instruction municipale déposée au poste pour adresser des questions aux sous-officiers et brigadiers sur le service des places et l'itinéraire des patrouilles qui doivent être faites, et signalent nominativement ceux dont l'instruction laisse à désirer.

3° Il vérifient le livret du bois de chauffage, s'assurent que celui mis en réserve existe réellement. En hiver, ils indiquent le nombre de degrés de chaleur que marque le thermomètre du poste. Ce nombre ne doit pas dépasser 16 degrés centigrades dans les froids ordinaires et 20 degrés dans les grands froids; en été, les postes doivent être aérés suffisamment. Ils interrogent les factionnaires, en se faisant accompagner par le brigadier de pose, afin de s'assurer que les consignes sont bien données et bien comprises, et qu'il n'en est donné d'autres que celles affichées au poste. Enfin, ils rendent compte, sur leur rapport, de tout ce qu'ils remarqueraient de contraire au service.

4° La garde ne prend pas les armes pour les rondes des lieutenants; le factionnaire placé devant les armes prévient le chef du poste de l'arrivée du lieutenant de ronde sitôt qu'il l'aperçoit.

Art. 27.

1° Un seul tour est établi pour ces deux services, pour lesquels les lieutenants des deux armes sont commandés à tour de rôle. Les officiers commandés de service doivent se trouver à leur poste une demi-heure avant l'ouverture des bureaux, et ne le quitter qu'après l'entier écoulement du public et des voitures. Ils se font rendre compte immédiatement, par les sous-officiers et brigadiers de service, de tous les événements ou discussions qui surviennent entre le public et les gardes de service, afin de pouvoir les trancher de suite avec toute la convenance désirable; ils veillent à l'exécution ponctuelle de la consigne des théâtres.

2° Ils se conforment, pour ces deux services, aux dispositions du chapitre V de l'*Instruction municipale* (petit format). Ils indiquent, sur leur rapport, la

3

manière dont le service a été exécuté, les événements survenus, ainsi que les réclamations qui seraient formées par les chefs d'établissements ou par les gardes de service.

ART. 28.

Officiers admis au corps ; visites à rendre.

Les officiers qui arrivent au corps, ainsi que les sous-officiers promus au grade d'officier, préviennent le capitaine adjudant-major chargé de la direction du service ; aussitôt qu'ils sont habillés et équipés, qu'ils sont en mesure de prendre leur service, ils doivent faire une visite, en tenue, à tous les officiers supérieurs du corps, au capitaine adjudant-major et au capitaine de leur compagnie ou escadron.

ART. 29.

Officier indisponible ou absent.

Lorsqu'un officier est indisponible, pour cause de maladie, il doit en informer immédiatement son capitaine, et faire constater sa maladie par le médecin du corps attaché à sa caserne ; il lui est interdit de sortir de chez lui sans une autorisation du médecin du corps. L'officier indisponible ou absent est porté nominativement sur la situation journalière de sa compagnie ou escadron, depuis le jour de l'absence ou de l'indisponibilité jusqu'à celui de la reprise du service. Les officiers d'état-major indisponibles ou qui s'absentent en informent le capitaine adjudant-major chargé de la direction du service, qui les porte sur la situation journalière de l'état-major.

ART. 30.

Médecin-major.

1° Le médecin-major est chargé de la direction et de la surveillance générale du service de santé. Il adresse chaque jour au colonel un rapport général résumant le service de santé des différentes casernes.

2° Il visite, deux fois par semaine, les militaires aux hôpitaux ; assiste à toutes les opérations majeures qui leur sont pratiquées ; propose, pour la retraite, la réforme ou les vétérans, les militaires qu'il reconnaît impropres au service actif de l'arme ; délivre des certificats de visite à ceux proposés pour des congés de convalescence ou les eaux thermales ; visite les établissements désignés pour les bains dans la saison où ils sont ordonnés, afin de s'assurer qu'ils sont convenables ; provoque la cessation ou la reprise de ces bains, d'après l'état de la température ; veille au remplacement et à l'entretien des objets composant les boîtes de secours du corps ; dresse des certificats circonstanciés de visite pour les militaires blessés, dans un service commandé, par tel accident que ce soit, et en délivre également à ceux nouvellement admis, qu'il visite tous les jours, à huit heures et demie du matin, au bureau du major.

3° Le médecin-major accompagne l'officier général lors de ses visites trimestrielles dans les hôpitaux, et lui présente les militaires proposés pour la réforme.

4° Lorsqu'il le juge convenable, il réunit les aides-majors pour conférer avec eux sur les besoins du service de santé.

5° Tous les trois mois, et plus souvent s'il y a urgence, il provoque une visite générale de santé des militaires du corps, et en adresse le résultat au colonel. Il assiste tous les jours, excepté le dimanche, au rapport chez le colonel.

ART. 31.

1° L'aide-major fait chaque jour, aux heures prescrites par le tableau de travail, la visite des casernes qui lui sont affectées. Il constate, sur le rapport supplémentaire du chef du poste de la police, l'heure de son arrivée à la caserne ; il prend, au poste de la police, le bulletin des militaires malades, sortant des hôpitaux ou rentrant de permission au-dessus de deux jours hors Paris, pour les visiter; accorde des exemptions de service, jusqu'à quatre jours inclusivement, à ceux qu'il juge dans le cas de les obtenir, en indiquant s'il les autorise à sortir de la caserne pendant quelques heures de la journée; il rend compte, sur son rapport, de l'état de santé de tous ces militaires. Enfin, il indique aux commandants des compagnies toutes les précautions hygiéniques pour la santé du soldat, soit sur la qualité des aliments, soit sur les ustensiles servant à leur préparation, etc. A cet effet, il visite fréquemment les cuisines, et examine les denrées et leur préparation.

2° Lorsqu'un militaire est blessé dans un service commandé, par tel accident que ce soit, il dresse un certificat de visite qu'il transmet au médecin-major.

3° L'aide-major accompagne aux bains de rivière les militaires des casernes qu'il dessert. Il dispense de prendre le bain, pour cause de santé, ceux auxquels il juge que cette exemption est nécessaire.

4° Lorsqu'il en reçoit l'ordre, l'aide-major procède à une visite générale des militaires des casernes qu'il dessert. Il inscrit ses observations, en regard du nom de chaque militaire, sur un état qui lui est remis et qu'il adresse, après sa visite, au médecin-major, avec un rapport particulier.

5° Les médecins visitent les hommes partant en permission au-dessus de deux jours hors Paris, afin de s'assurer qu'ils ne sont pas atteints de gale ou de maladie syphilitique, et leur délivrent un certificat constatant leur état de santé.

6° Chaque jour, l'aide-major adresse au médecin-major un rapport sur le service de santé des casernes confiées à ses soins ; il indique nominativement sur ce rapport les militaires allant ou rentrant de permission ou de congé qu'il a visités, ainsi que ceux auxquels il a accordé des exemptions de service, avec indication de leur durée.

ART. 32.

1° Lorsque le corps est réuni, tous les médecins assistent à la réunion ; lorsque les réunions sont partielles, soit pour exercices ou grands services, l'adjudant-major chargé de la direction du service désigne les aides-majors, à tour de rôle, pour y assister; ils font apporter les sacs d'ambulance sur le terrain, lors des exercices à feu.

2° Aux revues, le médecin-major monte à cheval avec la cavalerie ; chacun des aides-majors marche avec son bataillon.

3° En bataille, le médecin-major se place à vingt-cinq pas derrière la droite de la ligne, et, pour le défilé, derrière le dernier peloton de la colonne. Dans les deux cas ci-dessus, il salue avec le chapeau en passant devant l'Empereur.

4° Les aides-majors, dans l'ordre en bataille et pour le défilé, se placent à la gauche de l'adjudant-major de leur bataillon ; ils saluent avec le chapeau en passant devant l'Empereur.

5° Pour les visites de corps, le médecin-major se place après l'officier d'habillement, ayant ses deux aides à sa gauche.

ART. 33.

Service de santé.   1° Le service de santé est réparti de la manière suivante dans les différentes casernes :

Le médecin-major pour la caserne Tournon ;

Un aide-major pour les casernes des Minimes et des Célestins ;

Un aide-major pour les casernes Mouffetard, Saint-Victor et barrière d'Enfer.

2° Lorsqu'un aide-major est malade ou absent, son service est réparti par les soins du médecin-major, qui adresse une nouvelle répartition au capitaine adjudant-major chargé de la direction du service. Toutefois, il ne doit jamais y avoir plus d'un aide-major en permission.

Cas de maladie subite.   3° Lorsqu'un militaire tombe malade de manière à nécessiter les soins immédiats d'un médecin, le capitaine de police fait prévenir l'aide-major de la caserne, et, en cas d'absence de celui-ci, il fait appeler l'autre aide-major, ou le médecin-major, en lui indiquant le nom de la caserne, celui du malade, le numéro de la compagnie, de l'escalier et de la chambrée.

4° Enfin, en l'absence des médecins du corps, et dans un cas extrêmement pressant, le capitaine de police est autorisé à requérir le médecin civil le plus à proximité de la caserne.

5° A l'arrivée de l'aide-major, si le cas est très-grave, il fait transporter immédiatement le malade à l'hôpital, et en donne avis de suite, par ordonnance, au médecin-major.

6° Tout militaire surpris hors de la caserne par une maladie subite, n'est point autorisé, pour ce motif, à découcher de la caserne ; il doit en faire prévenir immédiatement l'adjudant de la caserne, qui en informe le capitaine de police, lequel fait prévenir le médecin de la caserne d'aller visiter le malade ; si le cas est grave, le médecin fait transporter le malade à l'hôpital ; dans le cas contraire, il lui enjoint de rentrer immédiatement à la caserne. Tout certificat de médecin civil, qui aurait pour but de constater l'empêchement d'un militaire de se rendre à la caserne, est regardé comme nul et ne soustrait pas le militaire à la punition qu'il a encourue pour avoir contrevenu aux ordres du corps.

7° Le médecin-major et ses aides donnent leurs soins gratuits à tous les militaires du corps, ainsi qu'à leurs femmes et enfants, lorsqu'ils les réclament.

ART. 34.

Vétérinaires.   1° Les vétérinaires assistent au pansage ; ils visitent tous les jours les chevaux malades, soit à l'écurie, soit à l'infirmerie, et leur prodiguent leurs soins, avec une sollicitude éclairée.

2° Si un cheval est atteint de maladie contagieuse, ils le font immédiatement mettre à part à l'infirmerie ; les effets de harnachement et de pansage de ce cheval sont soumis sans retard à une désinfection, ainsi que la place qu'il occupait à l'écurie ; le major est prévenu immédiatement par le capitaine commandant, lorsque ce cas se présente.

3° Le vétérinaire informe préalablement le colonel de toutes les opérations importantes qu'il serait dans le cas de pratiquer. En cas de mortalité d'un cheval ou de blessures reçues dans un service commandé, il se conforme à l'art. 225.

4° Le vétérinaire propose, chaque année, les chevaux susceptibles d'être admis à prendre le vert, soit en liberté, soit à l'écurie ; il assiste aux réceptions des chevaux de remonte ou de seconde main, établit les certificats pour ceux qui sont susceptibles d'être réformés (art. 224 et 225).

5° Les chevaux de remonte sont réunis à part, jusqu'à ce qu'ils soient dressés pour le service ; ces chevaux nécessitent de sa part des soins tous particuliers (art. 126).

6° Le 30 de chaque mois, et plus souvent si cela est nécessaire, il fait, d'après l'ordre du colonel, une visite générale de santé de tous les chevaux du corps. Il en rend compte, par un rapport spécial, au colonel.

7° Les vétérinaires exercent une surveillance active sur les forges dont ils dirigent les travaux ; ils signalent au colonel l'incapacité ou l'aptitude des maréchaux ferrants.

Ils vérifient, dans les magasins des escadrons, la qualité des fourrages et de l'avoine ; dans le cas où ils les trouvent de mauvaise qualité et nuisibles à la santé des chevaux, ils en informent le colonel, sur leur rapport.

8° Le vétérinaire assiste au rapport, les mardi, jeudi et samedi ; il rend un compte verbal, au lieutenant colonel, de l'état des chevaux.

9° Lors des prises d'armes ou revues générales, les vétérinaires assistent à ces réunions ; le vétérinaire se place en bataille, à 25 pas derrière la droite de la ligne, à la gauche du médecin-major ; l'aide vétérinaire se place derrière eux.

Pour le défilé, ils se placent derrière les serre-files du dernier peloton de la colonne.

Dans les deux cas ci-dessus, ils saluent avec le chapeau, lorsqu'ils sont à portée de l'Empereur.

Pour les visites de corps, les vétérinaires se placent à la gauche des aides-majors.

10° L'aide vétérinaire rend compte chaque jour au vétérinaire de l'exécution de son service.

Le vétérinaire adresse chaque jour au matin, au colonel, un rapport général sur le service de santé des chevaux.

11° Chaque fois que la cavalerie se rend au Champ-de-Mars, pour la manœuvre, l'un des vétérinaires, à tour de rôle, assiste à la manœuvre.

ART. 35.

1° L'adjudant seconde le capitaine de police dans tous les détails du service de la caserne ; il est placé sous ses ordres immédiats. Il est responsable de toutes

Adjudant sous-officier.

les batteries ou sonneries qui s'exécutent pour le service ; il surveille particulièrement le sous-officier de garde à la police et celui de planton à la porte de la caserne.

2° Il veille à la propreté intérieure et extérieure du quartier, des salles de police, prisons, cantines et cuisines ; il est chargé de l'entretien du poste de la police, en ce qui concerne le renouvellement des consignes et placards qui doivent y être affichés. Il rend compte au capitaine de police de toutes les irrégularités qu'il est à même de remarquer dans le service intérieur des casernes : mais il ne se mêle en rien du service intérieur des compagnies et escadrons. Il veille au départ et passe l'inspection de tout détachement commandé par des sous-officiers, brigadiers ou gardes, et en rend compte au capitaine de police.

3° Pour le service de grandes fêtes, l'adjudant commande exactement le nombre d'hommes porté sur le détail qui lui est remis par l'adjudant-major chargé de la direction du service ; les brigadiers sont compris dans le rang ; les sous-officiers, tambours et trompettes, sont commandés en dehors de ce nombre. L'adjudant remet par écrit aux chefs de détachements qui doivent rejoindre un officier, le nom de cet officier et le lieu où ils doivent se rendre pour se placer sous son commandement. Après la rentrée de tous les détachements de sa caserne, il réunit les consignes des chefs de détachements, et les transmet immédiatement à l'adjudant-major chargé de la direction du service. Il y joint le détail de service.

4° Lorsque le colonel ou l'un des officiers supérieurs du corps se présente à la caserne, l'adjudant en informe de suite le capitaine de police. (Voir l'art. 10.)

ART. 36.

Registre des
hommes punis.

1° L'adjudant est chargé de la tenue du registre des militaires punis, de sa caserne ; aucune biffure n'est faite sur ce registre. L'expiration d'une punition est indiquée par une croix à la gauche du nom de l'homme, et par la date de l'expiration de la punition dans la colonne à ce destinée; l'adjudant fait établir, par le maréchal des logis de garde à la police, conformément au 5ᵉ paragraphe de l'art. 52, une pancarte des militaires punis qui reste au poste. L'adjudant tient le contrôle par compagnies et escadrons, de la fourniture du bois et de l'éclairage qui doit être fournit, à tour de rôle, pour le poste de la police, conformément à l'art. 76; il enregistre, jour par jour, les quantités livrées par les compagnies et escadrons, et s'assure que cette livraison ait lieu immédiatement après la parade.

2° Il s'assure que les hommes à la salle de police soient rasés et changent de linge, que les salles de police soient nettoyées et lavées à fond une fois par mois; enfin, que la paille soit renouvelée chaque fois qu'il est nécessaire; il s'adresse, à cet effet, à l'officier de casernement. Il inscrit nominativement sur sa situation les militaires punis de salle de police ou prison, durée, date d'entrée et sortie de punition; cette situation est adressée tous les jours, au colonel, avec les pièces du rapport.

ART. 37.

Pension des s.-
officiers.

L'adjudant veille à ce que les sous-officiers se trouvent régulièrement aux re-

pas. En cas de réclamation, il rend compte au capitaine de police, qui examine
la réclamation, et y fait droit si elle est fondée. La consigne relative à la pension
des sous-officiers est affichée, par ses soins, dans le local où mangent les sous-
officiers. Il s'assure que les fournisseurs de la pension soient exactement payés.

Art. 38.

Les jours où il n'y a pas de service extraordinaire, l'adjudant peut se faire *Cas de sortie.*
remplacer, après le rapport du matin, par le maréchal des logis chef de petite
semaine d'adjudant. Ces sorties ne doivent pas excéder deux jours par semaine,
dont deux dimanches au plus par mois, et n'ont lieu que d'après l'autorisation
du capitaine de police.

Art. 39.

L'adjudant de chaque caserne fait, dans les cinq premiers jours du premier *Ronde de postes.*
mois de chaque trimestre, une ronde dans les postes de sûreté et ministères qui
lui sont désignés par le capitaine adjudant–major chargé de la direction du service. Il s'assure, dans cette ronde, de l'état des consignes, du mobilier et des
petits effets appartenant au corps ; il signale au capitaine adjudant-major chargé
de la direction du service tout ce qu'il a trouvé en mauvais état, et en provoque
le remplacement.

Art. 40.

L'adjudant fait deux rondes par mois pour surveiller les patrouilles de sa *Surveillance des*
caserne et signaler celles qui ne se conforment point aux ordres donnés tou- *patrouilles.*
chant leur service. Il rend compte, par écrit, de cette surveillance au capitaine
adjudant-major chargé de la direction du service, qui en informe le colonel.

La première de ces rondes est faite du 1er au 15, la deuxième du 16 au 30, à
des jours indéterminés, et d'après l'ordre du capitaine adjudant–major chargé
de la direction du service.

Art. 41.

L'adjudant visite les bals publics fournis par sa caserne. Ce service est rétri- *Ronde des bals*
bué, par les chefs d'établissement, conformément au tarif arrêté par le préfet *publics.*
de police.

Art. 42.

1° Le dernier jour de chaque mois, l'adjudant de chaque caserne reçoit de *Répartition du*
l'adjudant-major, chargé de la direction du service, la situation mensuelle du *service par l'ad-*
service que sa caserne doit fournir le mois suivant. *judant.*

2° Il inscrit sur la feuille mensuelle de service, aussitôt qu'ils lui sont noti-
fiés, tous les services supplémentaires, et les ajoute à la note qu'il remet chaque
jour au capitaine de police.

3° Le dernier jour de chaque mois, l'adjudant règle avec les maréchaux des
logis chefs, et en présence du capitaine de police, la répartition du service des

postes, théâtres et piquets à fournir pendant le mois suivant par la caserne ; cette répartition est faite entre les compagnies ou escadrons, en tenant compte de l'effectif de chacune d'elles.

4° L'adjudant fait connaître aux chefs d'établissements que c'est sa caserne qui fournit le service de leur établissement, et que c'est à lui qu'ils doivent s'adresser pour le contremander en cas de relâche. Il ne commande point indistinctement l'infanterie et la cavalerie pour le service des théâtres : chaque poste est fourni par arme, et, autant que possible, par les militaires d'une même compagnie ou escadron.

5° Les jours de fêtes, il envoie dans les bals et théâtres qu'il doit fournir ces jours-là, le même nombre d'hommes que les dimanches, et veille, en tout temps, à ce qu'ils y soient rendus une heure avant l'ouverture des bureaux. Il paraphe, sur les rapports des chefs de poste, les demandes de service ou d'augmentation de service faites par les chefs d'établissements, mais ne fait aucune diminution sur le service commandé ; tous les jours, il lit les affiches des théâtres, apposées aux murs de la caserne, afin de connaître les établissements qui font relâche et ne point y envoyer les militaires commandés de service ; il mentionne, sur sa situation journalière, les établissements qui ont fait relâche ; il ne fournit que les services qui sont portés sur sa feuille, à moins que ce ne soit sur une réquisition d'une autorité compétente.

ART. 43.

Transmission
des ordres.

1° L'adjudant n'assiste au rapport que le dimanche ; les autres jours de la semaine, il y est remplacé par l'un des maréchaux des logis chefs de la caserne, qu'il désigne par semaine et à tour de rôle, et auquel il remet son carnet de décisions. Aussitôt le retour de ce sous-officier, il communique son carnet au capitaine de police, qui y appose son visa. Il en est de même à la rentrée du maréchal des logis fourrier, qui se rend à une heure au bureau de l'état-major pour y copier les ordres. Il fait battre ensuite aux maréchaux des logis chefs, leur dicte les décisions. S'il s'agit d'ordres, il les dicte aux fourriers, les fait ensuite collationner, et demeure responsable de toute erreur à ce sujet.

2° Après la dictée, il communique immédiatement aux officiers d'état-major faisant partie de sa caserne les ordres et décisions donnés au rapport ou dans le cours des vingt-quatre heures ; ces officiers signent le livre d'ordres de l'adjudant de leur caserne.

ART. 44.

Registre d'ordres.

1° L'adjudant tient le registre d'ordres de son bataillon ou escadrons. Ce registre, ainsi que son carnet de décisions, sont constamment à jour.

2° Il établit et affiche au corps de garde de la police l'état, par grades, des officiers du corps, avec indication de l'adresse de leur logement ; il y affiche également celui des militaires autorisés à sortir leurs vivres de la caserne. Il se fait représenter, pour l'établissement de cet état, par les maréchaux des logis chefs, les autorisations accordées par le colonel.

ART. 45.

1° Le maréchal des logis chef doit pouvoir éclairer l'opinion de son capitaine sur la conduite, les mœurs et la capacité des militaires de sa compagnie ou escadron, et n'agir envers eux qu'avec les ménagements et la sévérité que comportent leur âge et leur caractère. Il surveille le fourrier, qui est chargé, sous sa direction, de faire toutes les écritures, et il exige qu'elles soient constamment tenues au courant. Il est chargé de recevoir la solde et de la payer aux militaires en présence de l'officier de semaine. Il est responsable, envers son capitaine, de toutes réclamations ou erreurs à cet égard, ainsi que de l'administration. Il paie, en présence de l'officier de semaine, tout ce qui revient aux brigadiers chefs d'ordinaires. Le maréchal des logis chef, de cavalerie, est également responsable des ustensiles d'écurie qui sont mis à sa disposition ; il se conforme, pour leur remplacement ou réparation, à l'art. 79. Enfin, il commande le service qui lui est indiqué par l'adjudant, exécute et fait exécuter tout ce qui est prescrit par la présente instruction, et surveille particulièrement les sous-officiers et brigadiers dans l'accomplissement de leurs devoirs.

2° Le maréchal des logis chef tient au courant les tableaux de services et divisions des rondes des officiers, conformes à ceux tenus par le capitaine adjudant-major chargé de la direction du service, lequel leur indique toutes les modifications, augmentations ou suppressions qui peuvent survenir.

3° Lorsqu'un officier est commandé de ronde, quelle qu'elle soit, le maréchal des logis chef lui remet un bulletin indiquant le nom de tous les postes qu'il doit visiter. Ce sous-officier est responsable de toute erreur à ce sujet. (Voir les art. 83 à 95.)

4° Le maréchal des logis chef tient également le tableau de la division des rondes de barrières des sous-officiers, ainsi que le tableau indiquant l'adresse du logement des officiers de son escadron ou de sa compagnie.

Maréchal des logis chef.

ART. 46.

Le maréchal des logis chef est pourvu d'un carnet, conforme au modèle adopté, sur lequel les décisions et le service sont inscrits. Ce carnet est présenté au visa du commandant de la compagnie, par le maréchal des logis chef, au retour du rapport, et à celui des autres officiers par le maréchal des logis de semaine, afin de justifier que ces officiers ont eu connaissance des ordres et décisions concernant le service du jour.

Carnet du maréchal des logis chef.

ART. 47.

1° Le maréchal des logis chef assiste tous les jours, excepté le dimanche, à huit heures et demie précises, au rapport chez le colonel; il est porteur de son carnet, sur lequel il inscrit les décisions du colonel et les ordres de service dictés par l'adjudant-major.

2° Un maréchal des logis chef est commandé chaque semaine, et à tour de rôle, par l'adjudant de chaque caserne, pour être de petite semaine d'adjudant.

Rapport à l'état-major.

Il remplace l'adjudant dans ses fonctions, lorsque ce dernier doit s'absenter de la caserne.

Art. 48.

Cas d'absence.

Le maréchal des logis chef, en cas d'absence, est remplacé, pour la police et la discipline, par le plus ancien maréchal des logis, qui est dispensé de tout autre service. La comptabilité reste entre les mains du maréchal des logis fourrier.

Art. 49.

Maréchal des logis.

1° Le maréchal des logis dirige, sous l'autorité de l'officier de peloton ou de section, les brigadiers et gardes de sa subdivision, ainsi que les détails intérieurs des chambrées. Il appuie les brigadiers de son autorité et les habitue à commander avec fermeté, mais sans brusquerie. Il rend compte, tous les jours, à son lieutenant de section ou de peloton, des mutations, punitions, etc., lorsque celui-ci vient au quartier. Pour tout événement grave, il lui en rend compte immédiatement. Le 15 de chaque mois, il passe une revue de l'habillement, équipement, harnachement, armement et des munitions des militaires de sa subdivision ; il en rend compte à son lieutenant de peloton ou section. Il surveille plus particulièrement ceux de ses hommes dont la conduite laisse à désirer.

2° Le maréchal des logis de cavalerie s'assure, à chaque pansage, de l'état de la ferrure des chevaux; il rend compte, à l'officier de semaine, des chevaux qui ont besoin d'être conduits à la forge.

Art. 50.

Service de semaine.

1° Le maréchal des logis de semaine n'est point commandé de service pendant sa semaine. Il passe l'inspection des militaires de service, dans les chambres, à huit heures trois quarts du matin, sous la surveillance de l'officier de semaine; il veille à ce que la giberne contienne tout ce qui est prescrit art. 140 pour l'infanterie et 144 pour la cavalerie ; il inscrit sur son registre journalier le nom de tous les militaires commandés de service, ainsi que les ordres et décisions donnés au rapport, qui concernent exclusivement le service de sa compagnie ou escadron ; il signe ce registre et le soumet chaque jour, après la parade, au visa de l'officier de semaine. Il est chargé de communiquer toutes les décisions aux lieutenants de sa compagnie ou escadron, et, lorsqu'un officier n'est point chez lui et que les ordres de service ou décisions le concernent particulièrement, il doit lui laisser une note qu'il met dans le trou de sa serrure, ou sous la porte du logement de cet officier, ou enfin chez le concierge. Lorsqu'on bat au piquet, il veille à ce que les militaires descendent promptement, et se rend ensuite au rassemblement. Tous les jours, à l'heure de la retraite, il remet, aux militaires commandés de patrouille, les manteaux de patrouilles ; il les reprend et les visite le lendemain, à l'heure de l'ouverture des portes, et s'assure que le brigadier de semaine les fasse nettoyer par ces mêmes militaires.

2° Le maréchal des logis de semaine est aux ordres de l'officier de semaine :

il ne peut s'absenter sans son autorisation, et sans en prévenir l'adjudant. Il
reçoit les billets d'entrée à l'hôpital, les exemptions de service, et les remet au
maréchal des logis chef. Il s'assure que les militaires détenus soient rasés et
changent de linge.

3° Le maréchal des logis de semaine veille à ce qu'avant les repas le brigadier de semaine se rende à la cuisine, pour le maintien de l'ordre (art. 58 et
60), et à ce qu'après chaque repas il passe dans les chambres pour faire enlever et reporter les gamelles à la cuisine.

4° Le maréchal des logis de semaine, de cavalerie, conserve les clés des cof-
fres à avoine et magasin à fourrage; il fait faire en sa présence, par le brigadier
de semaine, la distribution des rations des chevaux (art. 86, 87 et 88); il surveille la tenue des écuries et selleries (art. 89), s'assure que les gardes d'écurie
sont à leur poste, et, à chaque pansage, rend compte au maréchal des logis
chef et à l'officier de semaine de l'état des ustensiles d'écurie, en indiquant au
compte de qui ceux perdus ou dégradés doivent être remplacés. (Voir les
art. 83 à 95.)

Art. 51.

Les maréchaux des logis sont commandés, à tour de rôle, par l'adjudant, *Service de gar-*
dans chaque caserne, pour le service de garde et de théâtres. Les maréchaux *de et de théâtres.*
des logis de cavalerie concourent avec ceux d'infanterie pour la garde à la
police, en leur tenant compte des gardes à cheval qu'ils montent en ville. Ils se
conforment, pour ces deux services, à ce qui leur est prescrit par les consignes
générales, et aux prescriptions contenues dans l'instruction municipale déposée
à leur poste.

Art. 52.

1° Le maréchal des logis de garde à la police prend ses repas au poste, et ne *Devoirs du ma-*
le quitte que pour vaquer à son service; il ne s'absente jamais en même temps *réchal des logis*
que le brigadier de garde qui est chargé de le remplacer. Il ne reçoit de con- *de garde à la po-*
signes verbales que des officiers supérieurs, capitaine de police et adjudant; il *lice.*
n'en reçoit d'écrites ou permanentes que du colonel commandant.

2° Il est responsable de la ponctualité avec laquelle le brigadier et les sen-
tinelles remplissent leurs devoirs. Il est chargé, sous la direction de l'adjudant,
de faire exécuter toutes les batteries et sonneries du service journalier affiché
au poste.

3° Il visite plusieurs fois dans la journée les salles de police et prisons; il re- *Salle de police.*
çoit les réclamations des détenus et les fait parvenir à qui de droit; il veille à ce
qu'ils ne fument point : cette faculté ne leur est accordée que lors de l'ouverture des salles de police ou lorsqu'ils sont amenés au poste pour s'y chauffer;
il veille également à ce qu'ils n'allument point de chandelle et à ce qu'aucun
effet de couchage ne soit porté à la salle de police, excepté ceux prescrits par
le règlement; il n'y souffre l'introduction d'aucun liquide spiritueux, ni d'autres
aliments que ceux destinés aux repas habituels. Pendant l'été, il fait ouvrir les
salles de police de onze heures à midi et de six heures à sept heures du soir; il
place le nombre de factionnaires nécessaires pour empêcher l'évasion des dé-

tenus. Pendant les grands froids, il les fait amener au poste, pour s'y chauffer, de sept à huit heures du matin et de six à sept heures du soir.

Consignés. — 4° Il fait battre aux consignés toutes les fois qu'il le juge nécessaire, afin de s'assurer de leur présence, et signale à l'adjudant ceux qui manquent à l'appel.

Pancarte des hommes punis. — 5° Il tient au courant la pancarte indiquant les militaires qui subissent des punitions, qu'il doit renouveler le 1er et le 16 de chaque mois. Dans l'intervalle de ces deux dates, les militaires dont la punition est expirée sont biffés en passant sur leur nom un trait horizontal à l'encre; il fait viser cette pancarte par l'adjudant, tous les jours après la rentrée du rapport du matin.

6° Il veille à ce que le devant de la caserne soit tenu proprement; il surveille les cantines et exige leur fermeture après l'appel du soir.

Boîte de secours. — 7° Il est responsable de la boîte de secours, et se conforme à l'instruction qui y est affichée.

Port des pièces à l'état-major. — 8° Il envoie à l'état-major, par le planton du matin, toutes les pièces qui lui sont remises par l'adjudant, et lui indique, ainsi qu'à toute ordonnance, qu'ils doivent s'adresser au bureau du capitaine adjudant-major. Les reçus des lettres de service sont remis à l'adjudant.

Rondes du chef de poste et du brigadier de garde à la police. — 9° Pendant la nuit, il fait deux rondes dans l'intérieur de la caserne, pour veiller à la tranquillité et à la sûreté du quartier; le brigadier en fait également deux. Ils visitent les écuries, s'assurent de la présence et de la vigilance des gardes d'écurie. Le chef du poste mentionne sur son rapport ces rondes, et signale les abus ou négligences qu'il aurait remarqués, après toutefois en avoir rendu compte à l'adjudant, qui en prévient lui-même le capitaine de police.

10° Il s'oppose à ce que les chevaux soient montés dans les cours hors les heures de travail, à moins d'autorisation du capitaine de l'escadron.

Maladie subite. — 11° Si, pendant la nuit, ou même pendant la journée, un homme se trouve malade, il en rend compte à l'adjudant, qui en prévient le capitaine de police.

Réquisitions. — 12° Il défère aux réquisitions de toutes les autorités chargées de requérir la garde, et en rend compte immédiatement à l'adjudant, qui en prévient le capitaine de police.

Officiers généraux et colonel visitant la caserne. — 13° Toutes les fois que le colonel se présente en tenue au quartier, la garde sort sans armes du poste. Pour M. le préfet de police et les officiers généraux, elle prend les armes, et les honneurs sont rendus de la manière suivante:

Le tambour rappelle pour les généraux de division, et est prêt à battre pour les généraux de brigade et le préfet de police.

14° Chaque fois que le colonel ou un officier supérieur du corps se présente à la caserne pour en faire la visite, il en prévient de suite l'adjudant qui en informe le capitaine de police.

Clefs des portes de la caserne. — 15° Au roulement de l'appel du soir, il fait fermer la porte de la caserne. La clef reste entre ses mains ou celles du brigadier, et la porte ne doit plus être ouverte que par l'un d'eux. Aucun militaire ne peut sortir, après cet appel, sans une permission écrite et signée par son capitaine commandant, excepté les sous-officiers, jusqu'à l'heure fixée pour leur rentrée.

16° Aucun militaire ne peut également sortir le matin, avant l'ouverture des portes, sans une permission écrite de son capitaine commandant.

17° Le rapport du maréchal des logis de garde indique tous les événements qui se sont passés pendant les vingt-quatre heures. Il y relate la force, l'heure de la sortie et la rentrée de tous les détachements et ordonnances, sans exception, le nom et le grade des permissionnaires de l'appel du soir, au fur et à mesure de leur rentrée; il en indique l'heure en regard de leur nom, et sur leur permission. Il en est de même pour les sous-officiers qui sortent après l'appel du soir, ainsi que pour tous les militaires rentrant de permission d'absence, même dans la journée, dont ils vise les permissions. *Rapport du maréchal des logis de garde.*

Lors de l'arrivée du médecin de la caserne pour la visite du matin, il lui présente le rapport supplémentaire sur lequel cet officier doit constater l'heure de sa visite, et lui remet les bulletins de santé déposés au poste. *Visite du médecin.*

18° Les militaires de garde à la police sont chargés, chacun pour leur compagnie ou escadron, sous la responsabilité du chef du poste de la police, d'aller éveiller les militaires de patrouille et les plantons de cuisine; ils ne doivent rentrer au corps de garde que lorsqu'ils se sont assurés que ces militaires sont levés. Sous aucun prétexte, les militaires de garde ne doivent s'absenter du poste pour des affaires étrangères au service. *Réveil des militaires de patrouille et des plantons de cuisine.*

19° Les militaires de piquet qui sont désignés dans les deux armes pour être de planton au poste de la police, sont employés à porter les rapports à l'état-major, ainsi que les dépêches de service; si ces dépêches doivent être portées à des endroits éloignés de la caserne, le maréchal des logis commande des ordonnances à cheval, surtout lorsque les dépêches sont pressées; les plantons sont également chargés d'aller appeler les sous-officiers et gardes avec lesquels des étrangers désireraient communiquer, et de conduire au logement de tout officier les personnes qui en manifesteraient le désir. *Planton à la police.*

20° Tout sous-officier, brigadier ou garde, qui a une exemption de service, pour quelque cause que ce soit, ne peut, sous aucun prétexte, sortir de la caserne sans l'autorisation du médecin qui a donné l'exemption. Dans le cas où cette autorisation lui est accordée, il est tenu de justifier au sous-officier de garde à la police de l'heure de sa sortie et de sa rentrée. *Exemption de service.*

Art. 53.

1° La sentinelle placée à la porte de la caserne veille attentivement à tout ce qui se passe à portée d'elle. Elle ne s'écarte point de la porte, et en fait éloigner tout ce qui peut en gêner la libre entrée; elle empêche de faire ou déposer des ordures devant la caserne, de coller sur la façade des affiches autres que celles des spectacles, d'allumer des feux de paille et tirer des pétards; elle avertit le chef du poste de tous les événements graves qui pourraient compromettre l'ordre public, tels que rassemblements, incendies, rixes, etc. La nuit, elle donne cet avertissement au chef du poste, en tirant la sonnette dont le cordon est placé dans la guérite, fait avancer au mot de ralliement les rondes et patrouilles qui passent à portée d'elle ou qui rentrent à la caserne; le jour, elle crie: *Hors la garde!* chaque fois que le colonel se présente en tenue pour entrer ou sortir du quartier, et *Devoirs de la sentinelle.*

elle crie : *Aux armes !* pour l'arrivée et le départ des officiers généraux et du préfet de police, lorsqu'ils viennent visiter la caserne.

2° La garde de police ne rend point d'honneurs hors la caserne.

ART. 54.

Service de piquet et de planton.

1° Les maréchaux des logis d'infanterie sont commandés, dans chaque caserne, à tour de rôle, pour le piquet.

2° Le maréchal des logis de garde et ceux de piquet alternent pour être de planton à la porte de la caserne. Ce service est réglé par l'adjudant de manière à ce qu'il sache toujours, l'heure à laquelle tel sous-officier est de planton. Celui de piquet fait toujours la première pose à l'ouverture des portes, et celui de garde la dernière, au moment de la fermeture.

Lorsque les piquets sont doublés, le sous-officier qui est commandé concourt avec eux pour ce service. Le maréchal des logis de piquet désigne, à tour de rôle, les militaires des deux armes pour être de planton au corps de garde. Lorsqu'on bat au piquet, ce sous-officier se rend immédiatement au lieu du rassemblement, aligne les hommes et en fait l'appel.

3° Le maréchal des logis de planton à la porte de la caserne se conforme aux dispositions suivantes :

Tenue.

Il est responsable de la tenue des militaires qui sortent de la caserne ; il veille à ce qu'ils soient dans celle ordonnée pour le jour, qu'ils aient des gants et les buffleteries passées sous le trèfle, qu'ils soient coiffés militairement et n'aient point d'effets malpropres ou déchirés, que les cavaliers aient le sabre au crochet et les militaires de l'infanterie à la hanche.

4° Il examine soigneusement la tenue des militaires rentrant au quartier, et signale à l'adjudant ceux qui rentrent pris de vin. Le soir, il redouble de surveillance à cet égard.

Étrangers et marchands.

5° Il s'oppose à ce qu'aucun étranger ou marchand pénètre dans la caserne sans une autorisation écrite du colonel, et portant son cachet ; fait conduire chez les officiers les personnes qui en expriment le désir, fait appeler les militaires avec lesquels des étrangers désirent communiquer, et demande à l'adjudant l'autorisation de laisser entrer ceux qui vont chez les sous-officiers ou gardes en ménage, lorsque ceux-ci lui en font la demande.

6° Il interdit l'entrée de la caserne aux enfants qui n'y logent point, et y laisse entrer les militaires de la ligne qui sont en tenue, à moins qu'ils ne soient pris de vin.

7° Il empêche le stationnement de tout étranger à la porte de la caserne ; il exige que les militaires qui descendent dans les cours de la caserne soient en tenue du jour : bonnet de police.

8° Il s'oppose à la sortie de tout effet d'habillement, à moins que le militaire ne lui présente une autorisation de son capitaine commandant ou qu'il ne soit accompagné par un sous-officier de sa compagnie ; il ne laisse sortir aucun paquet sans en avoir vérifié le contenu, excepté ceux appartenant à des officiers ; il ne laisse vendre aucun effet aux environs de la caserne ; il s'oppose à ce qu'aucun militaire ne sorte ses vivres de la caserne, s'il n'y est autorisé et porté sur l'état affiché au poste de la police par les soins de l'adjudant.

9° Il veille à ce que les cuisinières et porteurs ne sortent pas de la caserne pendant la durée de leur service, à moins de motifs urgents et justifiés. Dans ce cas, il s'assure qu'ils n'emportent aucun aliment soustrait à l'ordinaire ; il en fait de même à leur sortie du soir.

Cuisinières et porteurs.

10° Il rend compte à l'adjudant de la qualité et de la quantité des spiritueux qui entrent à la caserne pour le compte des cantiniers ; il lui rend également compte de toutes les infractions qu'il remarque.

Art. 55.

1° Dans chaque caserne, les sous-officiers et brigadiers des deux armes sont commandés par l'adjudant, à tour de rôle, pour ce service, qui a lieu les dimanches, lundis et jours de fêtes. Il est composé d'un maréchal des logis, d'un brigadier et de deux gardes par caserne, qui sont rendus à leur poste à six heures du soir, et ne le quittent qu'à neuf heures. Lorsque l'appel est fait à neuf heures et demie, le service est retardé d'une demi-heure pour le départ et la rentrée.

Surveillance aux barrières.

2° Les sous-officiers de service parcourent les barrières qui leur sont désignées d'après le tableau affiché dans le bureau de leur compagnie ou escadron ; ils visitent, mais sans y stationner, les établissements fréquentés par les militaires du corps, surveillent leur conduite, arrêtent ceux qui commettent du scandale ou qui sont dans une mauvaise tenue ou dans de mauvais lieux. A leur arrivée, ils font une première tournée, et se rendent ensuite au lieu indiqué pour la station. A leur retour au quartier, ils rendent compte, sur leur rapport, des événements survenus, de tout ce qu'ils ont remarqué de contraire au bon ordre, et du nom des barrières et établissements qu'ils ont visités.

Art. 56.

1° Le fourrier est aux ordres immédiats du maréchal des logis chef. Il tient sous sa direction tous les registres et fait toutes les écritures ; il est chargé du casernement, de la literie ; il fait commander par le brigadier de semaine les militaires dont il a besoin pour les corvées ; il communique les ordres du jour aux officiers de sa compagnie ou escadron, et les lit à la troupe assemblée à l'appel du matin ou au pansage de deux heures.

Maréchal des logis fourrier.

Le fourrier alterne avec le maréchal des logis chef pour conduire les militaires au magasin du corps, pour les réceptions d'effets de toute nature.

2° Un fourrier est désigné, à tour de rôle et par semaine, par l'adjudant de chaque caserne, pour venir copier à une heure, à l'état-major, les ordres et décisions survenues depuis le rapport du matin ; ce sous-officier est porteur du carnet et du livre d'ordres de l'adjudant.

3° Tous les mois, il remet à l'officier de casernement un état certifié et visé par son capitaine, des réparations à faire dans toute l'étendue du casernement

Casernement.

de sa compagnie ou escadron, en indiquant au compte de qui ces réparations doivent être faites, conformément à la décision du capitaine commandant (art. 79).

Art. 57.

Brigadier.   1° Le brigadier donne l'exemple de la bonne conduite. Il surveille celle des militaires de son escouade; il veille à ce qu'ils entretiennent leur armement et leurs effets d'habillement et d'équipement dans le plus grand état de propreté ; il forme les nouveaux admis aux usages du service du corps, fait lever les gardes au réveil, ouvrir les fenêtres pour renouveler l'air ; réprime tout ce qui se dit ou se fait contre le bon ordre, fait cesser les jeux qui peuvent occasionner des querelles, empêche de fumer au lit, de se coucher dessus avec les bottes, de placer des effets entre la paillasse et le matelas, de fendre du bois dans les chambres ou corridors ; en un mot, il est responsable de la tenue de sa chambrée et des infractions aux ordres qui s'y commettraient par sa négligence. Il rend compte immédiatement au maréchal des logis de semaine, et à celui de sa subdivision, de tout ce qui intéresse le service et la discipline, tels que découcher, dettes, vente ou achat d'effets sans autorisation, vol ou recel d'objet volé, ivresse, batterie, maladie subite, vénérienne ou cutanée.

Planton de chambrée.   2° Le brigadier veille à ce que les plantons de chambrée ne s'absentent pas pendant leur service, qu'ils restent dans les chambres principalement au moment des appels, et qu'à celui de leur sortie, qui ne peut avoir lieu qu'après le repas du soir et après avoir tout mis dans le plus grand état de propreté , ils déposent la clef de la chambre dans celle du brigadier de semaine, si aucun homme n'est présent à la chambre.

3° Lorsqu'un officier entre dans une chambrée, le brigadier ou, en son absence, le plus ancien garde, commande *Fixe* ; les gardes se lèvent et se découvrent ; si c'est un officier supérieur ou général, il se placent au pied de leur lit et observent le silence.

4° Un brigadier, choisi parmi ceux qui écrivent le plus correctement, est désigné pour remplir les fonctions de fourrier d'ordre ; il se rend tous les jours, à sept heures du matin, à l'état-major de la place, pour y copier les ordres. Ce brigadier est dispensé de tout autre service.

Art. 58.

Service de semaine.   1° Le brigadier de semaine n'est point commandé de service pendant le cours de sa semaine : il est aux ordres du maréchal des logis de semaine et le seconde dans son service.

2° Il assiste à toutes les réunions, commande et rassemble les militaires de corvée ; lorsque l'on bat au piquet et pour toutes les réunions, il passe rapidement dans les chambres pour faire hâter les hommes, et se rend ensuite au lieu du rassemblement.

3° Aux coups de baguettes pour délivrer le repas des militaires de service dans les théâtres, et une demi-heure avant le repas du matin et du soir, il se rend à la cuisine pour veiller, conjointement avec le brigadier de garde à la police, au maintien de l'ordre, et remet à ce dernier la liste des militaires qui sont de service et dont les gamelles doivent être placées sur le bain-marie, pour les maintenir chaudes jusqu'à leur retour, ainsi que celles des militaires de service, auxquels le repas doit être porté dans les postes.

4° Après chaque repas, il passe dans les chambres pour faire enlever et reporter les gamelles à la cuisine; aucune gamelle contenant des aliments ne peut être conservée dans les chambres.

5° Le brigadier de semaine de cavalerie veille en outre à la propreté des écuries et selleries (art. 89), distribue l'avoine et le fourrage en présence du maréchal des logis de semaine (art. 86, 87 et 88), conduit les gardes d'écurie à leur poste, s'assure que la consigne leur est bien donnée par ceux qu'ils relèvent ; à l'appel du pansage, il fait sortir, pour panser leurs chevaux, les cavaliers détenus à la salle de police, et les y reconduit aussitôt le pansage terminé; il s'oppose à ce qu'ils montent dans les chambres ou entrent dans les cantines. Il rend compte au maréchal des logis de semaine des ustensiles d'écurie perdus, dégradés ou hors de service. (Voir les art. 83 à 95.)

Art. 59.

Les brigadiers sont commandés à tour de rôle, dans chaque caserne, par l'adjudant, pour le service de garde et de théâtres. Pour ces deux services, ils se conforment aux prescriptions de la consigne générale et à celles de l'instruction municipale déposée au poste. Les brigadiers de cavalerie concourent avec ceux d'infanterie pour la garde de police, en ayant égard au nombre de gardes à cheval qu'ils montent en ville.

Service de garde et de théâtres.

Art. 60.

1° Le brigadier de garde à la police seconde le maréchal des logis de garde dans toutes les parties de son service.

Brigadier de garde à la police.

2° Il est spécialement chargé de la police des cuisines. Elles sont pouvues : à l'extérieur de la porte, d'une étiquette en carton, bordée d'un filet rouge, indiquant le n° du bataillon, des compagnies et escadrons, et au-dessous, le mot : *cuisine*; à l'intérieur de la porte, de l'inventaire du mobilier fourni par le corps. A trois heures du matin, le brigadier fait l'ouverture des cuisines, en présence des plantons de cuisine commandés dans chaque compagnie ou escadron qu'il a fait éveiller à l'avance. Il veille à ce que les porteurs et cuisinières, qui doivent se trouver à la même heure à la caserne, allument immédiatement les fourneaux, et à ce que la totalité de la viande soit mise dans les marmites. Jusqu'au réveil, il exerce une surveillance active sur les cuisines.

Police des cuisines.

3° Une demi-heure avant la distribution du matin et du soir, et aux coups de baguettes pour le repas des militaires de service dans les théâtres, il se rend à la cuisine pour y maintenir l'ordre, pendant la distribution, conjointement avec les brigadiers de semaine; il reçoit de ces derniers la liste des militaires qui ne sont pas encore rentrés de service et dont les gamelles doivent être tenues chaudement par les cuisinières sur le bain-marie, pour leur être délivrées par ses soins à leur retour ; il veille à ce qu'aucun militaire, même celui logé en ménage, n'enlève son repas de la cuisine avant le roulement ; les militaires de garde à la police ne sont autorisés à se présenter à la cuisine qu'au roulement.

4° La distribution du soir terminée, et les gamelles vides ayant été remises à la cuisine, le brigadier de garde ferme les portes de la cuisine et en remet les clefs au maréchal des logis de garde.

5° Le brigadier de garde veille à ce que les repas soient prêts et mis dans les gamelles avant le roulement, mais de manière à ne pas se refroidir ; que le départ des porteurs ait lieu aux heures fixées, et qu'ils n'emportent que le nombre de gamelles indiqué par la liste des militaires de service qui lui est remise par le brigadier de semaine de chaque compagnie ou escadron. Il s'assure qu'aucune denrée ne soit détournée de la cuisine; que le bois destiné à la cuisson des aliments ne soit pas emporté dans les chambrées; que les cuisinières ne versent pas d'eau froide dans les marmites, lorsqu'elles y font bouillir de la graisse; qu'elles ne fendent pas de bois dans les cuisines, que les bidons dont elles se servent, ainsi que les porteurs, pour emporter leurs vivres, ne dépassent pas la dimension de la contenance d'une portion; que les gardes ne viennent point se laver aux cuisines, ni prendre d'eau au bain-marie, excepté pour les besoins des militaires ou chevaux malades; que les plantons de cuisine veillent à la propreté et à l'arrangement des ustensiles de cuisine; que, sous aucun prétexte, ils ne s'écartent de la cuisine pendant la durée de leur service et ne la quittent qu'après sa fermeture; qu'enfin tous les samedis au soir les marmites, bain-marie, soient vidés et nettoyés à fond, ainsi que la cuisine.

6° Les médecins du corps visitent souvent les cuisines, afin de vérifier la qualité des aliments et la propreté des ustensiles employés à leur préparation. Ils consignent leurs observations à ce sujet sur leur rapport de santé.

7° Les officiers supérieurs de semaine, capitaines de police, capitaines commandants et lieutenants chargés des ordinaires, surveillent l'exécution de ces dispositions. Le présent article est affiché, par les soins de l'adjudant, au corps de garde de police et dans chaque cuisine.

Art. 61.

Brigadier de piquet et de surveillance aux barrières.

Les brigadiers sont commandés à tour de rôle, dans chaque caserne, par l'adjudant, pour ces deux services. Ils sont sous les ordres des maréchaux des logis, qui sont chargés de l'exécution des consignes relatives à ces deux services (art. 55). Les brigadiers de cavalerie concourent avec ceux d'infanterie pour les rondes de barrières.

Art. 62.

Brigadier d'ordinaire.

Les brigadiers tiennent, à tour de rôle, l'ordinaire pendant six mois, à moins d'incapacité et de mauvaise gestion, ce dont il est rendu compte au colonel; autant que possible, ils ne montent la garde qu'à la police; l'adjudant avance ou recule leur tour de service, selon le besoin. (Voir leurs fonctions, art. 72 à 76.)

ART. 63.

1° Tout militaire du corps revêtu de son uniforme, quand bien même il ne fe- **Garde.**
rait partie d'aucun service commandé, n'en est pas moins constamment dans
l'exercice de ses fonctions, et doit, en toute circonstance, intervenir pour le maintien de l'ordre et de la tranquillité publique. Les militaires du corps doivent, en
leur qualité de soldats d'élite, se montrer toujours dignes de la mission qu'ils sont
appelés à remplir. Le repos et la tranquillité de la capitale sont confiés à leur vigilance, à leur courage et à leur dévouement.

2° La société a remis entre leurs mains, non seulement des armes pour la dé-
fendre et la protéger contre les malfaiteurs et perturbateurs de toute espèce, mais
encore une portion du pouvoir judiciaire, afin d'assurer, par des moyens paisibles
et réguliers, l'exécution des lois, ordonnances et règlements de police. Il est donc
essentiel que les militaires du corps acquièrent promptement les connaissances nécessaires pour accomplir avec intelligence cette partie de leurs obligations, qui se
trouve détaillée dans l'instruction municipale dont chacun d'eux est pourvu à son
entrée dans la garde de Paris.

3° Chargés, dans la pratique habituelle de leur service, de la mission pénible
et souvent difficile de régulariser des plaisirs, de contrarier des habitudes prises
et de calmer des impatiences ; souvent en contact avec la partie la plus turbulente
de la population, les militaires du corps, par leur attitude tout à la fois ferme et
bienveillante, par la dignité de leur conduite, leur allure franche et militaire, et
leur extrême politesse envers toutes les classes de la société, doivent amener cette
population à comprendre que leur présence au milieu d'elle n'a pour but que le
maintien de l'ordre et la sécurité de tous. Ils doivent éviter les propos acerbes, hu-
miliants, et les actes oppressifs, qui n'auraient d'autre résultat que d'altérer la
considération et la confiance que la garde de Paris doit inspirer ; mais plus ils au-
ront mis de politesse et de convenance dans l'exécution de leur service, plus il de-
vront déployer de fermeté envers les individus qui prendraient pour de la fai-
blesse les égards dont ils auraient été l'objet.

4° Ils ne doivent jamais employer la force qu'après avoir épuisé tous les moyens **Emploi de la**
de douceur et de persuasion ; ils ne doivent se servir de leurs armes qu'à la der- **force et des ar-**
nière extrémité, en cas de légitime défense, lorsque leur vie est menacée, ou qu'ils **mes.**
en reçoivent l'ordre de leurs chefs. (En cas d'émeute ou d'insurrection, l'emploi
des armes ne doit avoir lieu qu'après les trois sommations faites au nom de la loi
par les maires ou commissaires de police.)

5° Enfin, les militaires du corps doivent donner l'exemple de la tenue, de la
discipline, de la bonne conduite, et d'une obéissance passive aux ordres de leurs
supérieurs. Ils doivent éviter tout ce qui tendrait à compromettre leur uniforme et
la réputation si honorable que le corps s'est acquise.

6° Ils doivent se pénétrer de cette vérité, que l'ivrognerie est le vice le plus dé-
gradant, qu'il conduit insensiblement à tous les autres, et qu'à la troisième faute
pour ivresse ils encourent leur expulsion d'un corps où leur inconduite serait une
honte et un dangereux exemple pour leurs camarades.

CHAPITRE II.

Organisation des compagnies et escadrons; ordre intérieur des chambrées et des casernes; ordinaires; pension des sous-officiers; cantiniers et cantines.

ART. 64.

Organisation des compagnies et escadrons.

Chaque compagnie d'infanterie est divisée en deux sections, six subdivisions et douze escouades; cette division a lieu d'après le contrôle établi par rang de taille, la compagnie étant formée sur trois rangs.

1° La première section, commandée par le deuxième lieutenant, comprend : le maréchal des logis fourrier ; la première subdivision, commandée par le premier maréchal des logis ; la deuxième subdivision, commandée par le cinquième maréchal des logis ; la troisième subdivision, commandée par le troisième maréchal des logis.

2° La deuxième section, commandée par le premier lieutenant, comprend : le maréchal des logis chef ; la quatrième subdivision, commandée par le quatrième maréchal des logis ; la cinquième subdivision, commandée par le sixième maréchal des logis ; la sixième subdivision, commandée par le deuxième maréchal des logis.

3° La division des escadrons et le placement des cavaliers, brigadiers et sous-officiers dans le rang, a lieu conformément à l'art 82 de l'ordonnance du 2 novembre 1833 sur le service intérieur des troupes à cheval.

ART. 65.

Livret de section.

Chaque lieutenant d'infanterie établit lui-même le livret prescrit par le règlement, et conforme au modèle adopté pour le corps. Ce livret comprend le contrôle par rang de taille et celui par rang d'ancienneté de toute la compagnie, ainsi que le demi-signalement et la situation de la masse, après la liquidation de chaque trimestre, pour les militaires qui composent sa section. Il veille à ce que tous les sous-officiers et brigadiers sous ses ordres en établissent de semblables, mais seulement pour les militaires de leur subdivision ou escouade. Les lieutenants de cavalerie se conforment à l'art. 112 du service intérieur de la cavalerie pour l'établissement de leur livret de peloton.

ART. 66.

Organisation des chambrées.

1° Les brigadiers et gardes sont répartis dans les chambrées d'après le contrôle par rang de taille.

2° Les brigadiers et gardes logés en ménage conservent leur rang dans leur escouade, afin d'y répondre aux appels et d'y assister aux revues de détail.

ART. 67.

Ordre intérieur des chambrées.

1° Les règles suivantes sont observées dans les compagnies et escadrons, pour l'ordre intérieur et la propreté des chambrées, conformément à l'art. 57. La chambrée est balayée et mise en ordre chaque fois que cela est nécessaire, surtout après le réveil et après chaque repas, par le planton de chambrée ; après chaque repas, les gamelles sont enlevées et reportées à la cuisine ; il est interdit de conserver dans les chambrées des gamelles contenant des aliments, des légumes, d'y faire sécher du linge, de piquer des clous dans les murailles, d'y casser du bois, ainsi que dans les corridors et escaliers, d'y conserver des vases de nuit, de les laver à grandes eaux.

2° Les couvertures sont battues tous les samedis avec des baguettes en bois ; les cuillères et fourchettes sont fixées à un râtelier en bois placé au-dessous de la planche à pain ; les tables et les bancs sont nettoyés au savon noir avec une brosse dure ; défense de les passer au grès. Le bois et les objets à l'usage général de la chambrée sont placés dans l'endroit le moins apparent.

3° En hiver, le poêle est allumé avec le bois restant de la distribution de la veille, aussitôt que l'air de la chambrée a été renouvelé. La distribution du bois pour les chambrées a lieu tous les jours à sept heures du matin.

4° Défense aux brigadiers et gardes de nettoyer leurs effets d'habillement, équipement, etc., dans les chambres, après l'appel du soir, sans une nécessité absolue, ce travail troublant le repos des militaires de la chambrée.

5° Chaque chambrée est pourvue d'un gobelet en métal, d'un pot à eau, d'une cruche, d'une grande gamelle, d'une salière, d'une poivrière, d'un miroir, d'une mouchette et porte-mouchette, d'un chandelier, d'une charrue pour les buffleteries, d'une tringle en bois pour le nettoyage des canons de fusils, de baguettes en bois pour battre les couvertures, d'une tinette en zinc pour les bains de pied, d'une boîte à décrotter, avec compartiment à l'intérieur, pour y placer les brosses, le cirage et la chandelle, d'une scie avec chevalet, d'un merlin, d'un râtelier pour les couverts.

Tous ces objets doivent être du même modèle dans les compagnies et escadrons.

Art. 68.

1° Les cartons de chapeaux, schakos et aiguillettes, sont de même modèle dans tout le corps ; leur couleur est bleu clair, et celle des bordures et des écussons, aurore.

Cartons de chapeaux, schakos et aiguillettes.

2° Chaque chambrée, quelle que soit sa contenance, n'est pourvue que des placards ci-après détaillés :

Placards et étiquettes.

Contrôle nominatif des militaires de la chambrée, à fiches mobiles, sur plaque en zinc vernie aurore. Ce contrôle, fixé à l'extérieur de la porte, indique, en tête, le n° du bataillon, de la compagnie ou de l'escadron, le nom du capitaine commandant et de l'officier de peloton ou section ;

Inventaire du mobilier et de la literie de la chambrée, sur carton, fixé à l'intérieur de la porte ;

Instruction sur le placement des effets sur les planches ;

Instruction sur le montage et démontage des armes ;

Devoirs du brigadier de chambrée ;

Marques extérieures de respect ;

Tableau indiquant les établissements consignés aux troupes de la garnison ;

Tableau des commissaires de police de Paris et de la banlieue;

Liste de corvée ;

Liste des déserteurs et malfaiteurs à rechercher.

3° Tous ces tableaux doivent être collés sur carton et bordés d'un filet rouge.

4° Les compagnies et escadrons sont pourvus, en outre, d'une boîte grillée pour afficher le service.

5° Le logement des sous-officiers, brigadiers et gardes, en ménage dans les casernes, est pourvu, à l'extérieur de la porte, d'une étiquette du modèle de celle de tête de lit, et, à l'intérieur de la porte, de l'inventaire du mobilier et de la literie qui leur sont fournis par le corps, du modèle prescrit pour les chambrées de la troupe.

6° Chaque militaire est pourvu d'une étiquette de lit, de ratelier d'armes, de cheville pour suspendre la giberne et le sabre; les cavaliers sont pourvus, en outre, d'une étiquette de porte-bride et de tête de selle. Ces étiquettes sont sur plaque en zinc, vernie aurore, et à fiche mobile, pour recevoir le nom de l'homme.

7° Les étiquettes de planche à pain et de râteliers pour les couverts sont en papier, encadrées d'un double trait à l'encre, et collées sur le bois.

8° Les bureaux et magasins des compagnies et escadrons sont pourvus, à l'extérieur de la porte, d'une étiquette en carton bordée d'un filet rouge. Cette étiquette porte : le n° du bataillon, de la compagnie ou escadron; au-dessous, bureau ou magasin; et, en troisième ligne, le nom du maréchal des logis chef et du maréchal des logis fourrier. A l'intérieur de la porte, l'inventaire du mobilier, du modèle prescrit pour les chambres de la troupe.

ART. 69.

Placement des effets dans les chambres de la cavalerie.

Le pliage des effets est réglé sur la longueur du portemanteau. Les effets sont placés dans l'ordre suivant :

1° Sur la première planche, le pantalon de tricot, retourné et plié en rapportant un côté sur l'autre, le pont en dedans, les coutures des côtés réunies; le plier ensuite dans sa longueur sur celle du portemanteau, rentrant le derrière de la ceinture pour qu'il soit carré, le fond en arrière;

2° Le pantalon bleu collant, retourné, plié et placé de même ;

3° Le pantalon bleu large, plié de la même manière ;

4° Les pantalons blancs, pliés de la même manière, ainsi que le pantalon de treillis, lorsqu'ils doivent figurer sur la planche, mais sans être retournés ; à moins d'ordres contraires, ils sont placés dans les malles ;

5° Les gants, les doigts en arrière, l'entrée en avant, à chaque extrémité du paquetage ;

6° L'habit de grande tenue, plié ainsi qu'il suit : l'étendre sur le lit, relev les m anches, les plier sur elles-mêmes à la hauteur de la taille, ramener un cô de la poitrine sur l'autre, les basques placées l'une sur l'autre ; replier les basques sur elles-mêmes du côté du cran de la taille, de manière que l'habit soit à la longueur du portemanteau ; placer le plastron plié sur lui-même, la doublure en dedans, entre les deux basques. Placer l'habit la poitrine en arrière, le collet tourné du côté opposé à l'entrée de la chambre ;

7° Le surtout, plié et placé de la même manière que l'habit ;

8° La veste d'écurie, pliée ainsi qu'il suit : l'étendre sur le lit comme l'habit, relever les manches de même, ramener les deux poitrines de manière que les boutons et boutonnières se joignent sur le milieu du dos, la replier en deux, les poitrines l'une sur l'autre ;

9° Le portemanteau ;

10° Le bonnet de police, posé à plat sur le portemanteau, de manière à ce que la grenade soit en vue, le gland tombant en avant, la coiffe tournée du côté du collet de l'habit ;

11° Sur la deuxième planche, la housse, pliée sur elle-même dans sa longueur, la doublure en dehors, le bas en avant, lorsque les planches le permettent, afin de ne pas fatiguer les cuirs qui la garnissent ; dans le cas contraire, plier les devants à la hauteur de l'entre-jambe, les ramenant dessus ; faire de même avec le derrière et la placer dans son travers ;

12° Les chaperons, à plat, la doublure en dessus ;

13° Le manteau, plié comme il sera indiqué plus loin, le rouge en dessous pour les jours ordinaires, et en-dessus pour les inspections et visites de chambre ;

14° Le casque, sur un champignon mobile et à vis, à droite du manteau ; le porte-plumet en dehors ;

15° Le chapeau, dans son étui, étiqueté au nom de l'homme, portant sur son cintre et présentant son écusson, est placé à gauche du manteau, et ensuite le carton d'aiguillettes ;

16° Les petites bottes, accrochées derrière la tête du lit.

17° Nul autre effet ne doit être mis dans ce paquetage, ni dessous ni derrière, les malles étant destinées à recevoir les effets supplémentaires et le linge. Les cavaliers sont pourvus d'une musette, placée derrière la tête du lit, pour renfermer les objets de propreté, et d'une seconde musette renfermant les effets de pansage. Le bridon est placé entre ces deux musettes, les sabots sous la tête du lit.

18° Il est bien entendu que l'effet dont le garde est vêtu lors de l'inspection ne sera pas remplacé sur les planches. Les housses et chaperons sont exceptés de cette mesure ; ils figureront en double lorsque les gardes en seront pourvus de deux paires.

19° Tous les samedis, après le nettoyage général, les planches sont essuyées et lavées, si cela est nécessaire, avant d'y replacer les effets, qui sont entièrement couverts d'une toile grise placée sur encadrement en bois, qui n'est retirée que pour les revues des chambres. Lorsque l'ordre de la retirer est donné, elle est pliée en plusieurs doubles et placée sur les effets de manière à ne point les déborder.

Les brides et les grosses bottes sont accrochées aux porte-brides et crochets destinés pour cet objet.

Art. 70.

Placement des effets dans les chambres de l'infanterie.

Le placement des effets sur les planches, dans les chambres de l'infanterie, est réglé sur la longueur de la veste; les effets sont placés dans l'ordre suivant:

1° Sur la première planche, la capote, pliée en deux, les manches se joignant et faisant un pli du côté des revers, depuis leur échancrure jusqu'au bas des basques, et un autre depuis le bas de la taille: de sorte que la capote forme un carré long; la plier ensuite de la longueur de la veste, et la placer le dos en arrière;

2° Le pantalon de drap, plié comme il est indiqué au § 1er de l'article précédent, mais de la longueur de la veste;

3° Les pantalons blancs, pliés de la même manière, s'ils doivent figurer au paquetage; à moins d'ordres contraires, ils sont placés dans les malles;

4° L'habit de grande tenue, plié comme il est prescrit au § 6 de l'article précédent;

5° Le surtout, plié de la même manière que l'habit;

6° La veste, pliée comme il est prescrit au § 8 de l'article précédent;

7° Le bonnet de police posé sur la veste, comme il est indiqué au § 10 du même article;

8° Le havresac, sur la même planche, à côté et à droite des effets.

9° Sur la seconde planche, le chapeau, dans son étui, étiqueté au nom de l'homme, portant sur son cintre et présentant son écusson, est placé le premier du côté de la porte d'entrée de la chambrée; ensuite le schako, également dans son étui, est présentant son écusson; et enfin le carton à aiguillettes. Le schako des hommes de piquet est placé sur son calot sur la première planche, au-dessous de son étui et à côté des effets, la plaque en avant.

10° On se conforme exactement, pour le reste, aux §§ 16, 17, 18 et 19 de l'article précédent.

Art. 71.

Ordre dans lequel les effets doivent être placés sur les lits pour les revues de détail (infanterie).

1° Lorsque l'ordre est donné de mettre les effets sur les lits pour une revue d'habillement, d'équipement ou de linge et chaussure, ils sont placés de la manière suivante: 1° le lit; 2° havresac; 3° habit, surtout, veste ou capote; 4° chapeau; 5° toile grise; 6° pantalons de drap et d'été; 7° bonnet de police; 8° instruction municipale, formulaire, livret et théories; 9° ponpons; 10° martinet; 11° brosse grasse; 12° brosse double à souliers; 13° brosse à reluire; 14° boîte à cirage; 15° brosse à boutons; 16° patience; 17° boîte à graisse; 18° brosse à habits; 19° aiguillettes; 20° trousse garnie; 21° nécessaire d'armes, clef de cheminée, monte-ressort; 22° cols; 23° tire-balle; 24° mouchoirs; 25 chemises, caleçons; 26° gants; 27° bottes au pied du lit.

2° Les effets doivent présenter le numéro matricule et le millésime du côté de la personne qui passe l'inspection, c'est-à-dire de manière à ce que cette personne, étant placée au pied du lit, puisse les lire dans leur ordre naturel; le militaire est placé au pied de son lit dans la tenue du jour, ayant le casque ou schako sur la tête, le sabre et la giberne. (Voir la planche pour le placement des effets de la cavalerie.)

Ce chapitre est affiché dans chaque compagnie et escadron, en ce qui concerne chaque arme.

Art. 72.

1° La direction de l'ordinaire est confiée au plus ancien des lieutenants de la compagnie ou de l'escadron. Il vérifie, le dernier jour de chaque quinzaine, l'inscription des recettes et dépenses et les produits provenant des retenues faites aux travailleurs et hommes punis qu'il relève sur le registre de la compagnie ou de l'escadron; il interroge les militaires qui ont accompagné le brigadier pour l'achat des denrées. Le capitaine commandant surveille la gestion de l'ordinaire. Les chefs d'escadrons vérifient tous les mois les livres d'ordinaires de leur bataillon ou escadrons respectifs.

Vérification du livre d'ordinaire.

2° Le boni d'ordinaire est fixé à 250 fr. pour les compagnies d'infanterie, et à 300 fr. pour les escadrons; lorsque le boni dépasse cette fixation, le capitaine commandant fait le décompte de l'excédant à la fin de chaque mois, pourvu toutefois que ce décompte ne soit pas au-dessous de 25 centimes par homme.

Boni d'ordinaire.

Art. 73.

1° Tous les brigadiers et gardes sont tenus de vivre à l'ordinaire, excepté ceux logés en ménage à la caserne. Les hommes mariés dont la famille est logée en ville peuvent être autorisés par le colonel, sur la demande du capitaine commandant, à emporter leurs vivres hors de la caserne. Ces demandes doivent être restreintes, dans l'intérêt des ordinaires, et ne peuvent être accordées que pour des motifs urgents.

Composition des ordinaires.

Art. 74.

1° Les versements au livre d'ordinaire ont lieu le premier jour de chaque quinzaine.

Versements à l'ordinaire.

2° Il est prélevé, sur la solde des brigadiers et gardes des deux armes, une somme de 75 centimes par jour pour subvenir aux dépenses de l'ordinaire; si les circonstances l'exigent, cette retenue est augmentée d'après l'ordre du colonel.

3° Les sous-officiers, ouvriers civils travaillant dans les ateliers du corps, balayeurs, palefreniers et autres personnes autorisées à vivre à l'ordinaire, versent une somme de 5 centimes par jour en plus que les gardes.

4° Les militaires autorisés à ne point faire de service, tels que travailleurs et ordonnances des officiers supérieurs seulement, font un versement de 8 francs par mois à l'ordinaire.

5° Les militaires qui obtiennent des permissions d'un à huit jours inclusivement, à solde entière, ne sont pas défalqués de l'ordinaire. Ceux qui en obtiennent au-dessus de huit jours cessent de supporter la retenue de l'ordinaire.

6° Les militaires mariés, autorisés à vivre dans leur ménage, peuvent prendre leur repas à l'ordinaire, les jours où ils sont de service, en prévenant à l'avance le brigadier d'ordinaire ; ils versent à l'ordinaire le prix des journées pendant lesquelles ils y vivent.

7° Les militaires qui obtiennent des permissions d'un à huit jours, en attendant des congés de convalescence, ne supportent pas la retenue de l'ordinaire.

Art. 75.

Achat des denrées.

1° Dans tous les achats, le brigadier d'ordinaire est constamment accompagné par deux militaires de corvée, qui doivent être libres d'acheter où bon leur semble et de débattre les prix, attendu qu'ils sont responsables de la bonne qualité et du prix des denrées. Cependant le brigadier d'ordinaire, qui a plus d'expérience, peut leur indiquer les marchands et les marchés les mieux approvisionnés, et leur faire au besoin les représentations convenables, dans l'intérêt de l'ordinaire.

2° Les légumes et autres articles achetés doivent être portés en dépense le jour même de leur achat, et non en les divisant en détail, au fur et à mesure qu'on les emploie. Le brigadier indique la quantité de litres ou décalitres, bottes, etc., et porte sur une ligne séparée le coût du transport. Les militaires de corvée signent les dépenses, qui sont inscrites par le brigadier sur le livre d'ordinaire aussitôt leur retour au quartier.

3° A la rentrée au quartier, les denrées vendues au poids sont pesées de nouveau à la cuisine, en présence du planton de cuisine, des militaires de corvée et du brigadier d'ordinaire.

4° La viande de charcuterie ne peut être employée qu'une fois par semaine pour l'alimentation des militaires.

La mercuriale du prix du pain est indiquée, chaque quinzaine, par la voie du rapport.

Art. 76.

Dépenses au compte de l'ordinaire.

Les dépenses qui peuvent être portées au livre d'ordinaire, sont :

1° Celles nécessaires à l'alimentation et au chauffage des chambres ou cuisines ;

2° Une cuisinière et un aide de cuisine, vivant gratis à l'ordinaire, et recevant chacun un salaire de 1 fr. par jour ; pendant la saison d'été, lorsque les porteurs portent les capotes aux hommes de service dans les postes, il leur est alloué un supplément de 20 centimes par jour ;

3° Le frater, à raison de 10 centimes par homme et par mois ;

4° Les dégradations faites au casernement, lorsque ceux qui les ont faites ne sont point connus ;

5° Les achats de sacs à pain, éponges, de blanc, de cirage et de graisse pour l'entretien des cuirs et des harnais, s'ils sont en commun ; de linge et ustensiles de cuisine ;

6° L'achat et étamage des gamelles et couverts en fer battu (L'étamage doit être fait d'une manière générale et à la même époque dans tout le corps (le 1ᵉʳ octobre de chaque année) ; un abonnement collectif est passé par les capitaines de chaque caserne pour cet objet) ;

7° Le blanchissage, à raison d'une chemise et d'un mouchoir par homme et par semaine;

8° Enfin, les dépenses d'utilité générale, pour lesquelles toutefois l'autorisation est demandée au colonel.

9° Aucune dépense extraordinaire, telle que distribution de vin ou d'aliments en sus de la ration habituelle, ne peut être prescrite sur les fonds de l'ordinaire, par le capitaine commandant, sans l'autorisation du colonel.

10° Les balayeurs n'ont pas droit aux vivres de l'ordinaire. L'ordinaire supporte les frais de balayage à raison de 30 centimes par mois, par sous-officier, brigadier ou garde logeant à la caserne, soit en chambrée, soit en ménage; les sous-officiers versent 30 centimes et les officiers logés dans les pavillons, 60 centimes par mois à l'ordinaire, pour les frais de balayage de la caserne. Cette fixation du prix alloué aux balayeurs est un maximum qui ne peut être dépassé sous aucun prétexte, mais qu'il n'est pas obligatoire d'atteindre, les ordinaires étant autorisés à traiter à forfait de leur balayage.

11° Le bureau des compagnies et escadrons reçoit de l'ordinaire, pour son chauffage, quatre kilogrammes de bois, à partir du 16 octobre au 15 avril; ce bois ne peut être brûlé que dans le bureau. Le capitaine commandant peut diminuer cette quantité lorsque l'élévation de la température le permet; il ne peut l'augmenter sans l'autorisation du colonel; il n'est point accordé d'éclairage au bureau des compagnies et escadrons.

12° L'éclairage et le chauffage des corps de garde de police sont dus, à tour de rôle et par jour, par les ordinaires des compagnies et escadrons, dans chaque caserne, dans la portion suivante :

	Mouffetard, Célestins.	*Tournon, Minimes, St-Victor.*
Du 16 octobre au 15 décembre....	25 kilos.	20 kilos.
Du 16 décembre au 15 février.......	40 kilos.	30 kilos.
Du 16 février au 15 avril........	25 kilos.	20 kilos.

Les chandelles sont fournies à raison de deux de vingt-quatre au kilo, pendant les mois d'octobre, novembre, décembre et janvier, et à raison de une pendant les autres mois de l'année; le bois et la chandelle sont délivrés aussitôt le relevé de la garde.

15° Les ordinaires ne supportent point le chauffage ni l'éclairage des salles de rapport et salles de visite de santé.

Art. 77.

Le capitaine de police, officiers de semaine, adjudant, sous-officiers de garde à la police et de planton, veillent, chacun en ce qui le concerne, à l'exécution des dispositions suivantes :

Ordre intérieur des casernes.

1° Que le balayage des cours, corridors, escaliers, des abords et pourtours des casernes, soit terminé de six à sept heures du matin, du 1er avril au 31 septembre, et de sept à huit, du 1er octobre au 30 mars. Défense de déposer des ordures sur

Balayage des casernes.

la voie publique, passé les heures désignées ci-dessus. Le balayage est exécuté à partir des murs ou bâtiments des casernes jusqu'au milieu de la chaussée. Les immondices sont relevées en tas et placées entre les bornes dans les rues sans trottoirs, et le long des ruisseaux, du côté de la chaussée, dans les rues à trottoirs, à chaussée bombée ; enfin, dans celles à trottoirs et à chaussée fendue, les immondices sont placées le long des trottoirs. L'hiver, la glace est relevée en tas, ainsi que la neige. Les balayeurs qui mettent de la négligence dans ce service sont immédiatement renvoyés et remplacés ;

2º Qu'il n'existe dans les casernes ni chiens ni volailles ;

Éclairage.   3º Que l'éclairage des cours, corridors et écuries, soit continué pendant toute la nuit. Le capitaine de police signale sur son rapport les négligences qui se commettent dans ce service ;

4º Qu'aucun militaire ne paraisse dans les cours sans être complétement vêtu d'effets d'uniforme ; qu'aucun étranger ne couche dans la caserne sans l'autorisation du colonel ;

5º Que les militaires ne fassent pas d'ordures auprès des baquets disposés dans chaque caserne pour uriner. Ces baquets sont goudronnés à leur surface intérieure, conformément à la note ministérielle du 2ᵉ semestre 1840.

6º Qu'il ne soit point versé d'urine dans les plombs, et d'eau pendant les fortes gelées. Les ménages qui contreviennent à cette défense sont signalés au colonel, et encourent leur expulsion de la caserne.

7º Les salles de police et prisons sont pourvues : à l'extérieur de la porte, d'une étiquette en carton bordée en rouge, indiquant le numéro du bataillon, des compagnies et d'escadrons, et au-dessous le mot *salle de police* ou *prison* ; à l'intérieur de la porte, de l'inventaire du mobilier et de la literie.

8º Les corps-de-garde de police sont pourvus d'une consigne générale de police du corps, d'un inventaire du mobilier et de la literie du poste, d'un tableau des commissaires de police, d'un tableau indiquant le logement de MM. les officiers du corps, de la liste des militaires autorisés à sortir leurs vivres, et de la pancarte indiquant le nom des militaires punis ;

9º Les salles de rapport et de visite pour les malades sont pourvues : à l'extérieur de la porte, d'une étiquette en carton bordée en rouge, indiquant le numéro du bataillon, des compagnies et escadrons, et au-dessous : *salle des rapports* ou *de visite des malades* ; à l'intérieur de la porte, d'un inventaire du mobilier fourni par le corps.

10º Les forges sont pourvues : à l'extérieur de la porte, d'une étiquette en carton du modèle ci-dessus, indiquant le numéro de l'escadron et au-dessous le mot : *forge* ; à l'intérieur de la porte, d'un inventaire du mobilier et du matériel des outils fournis par le corps.

11º Magasins à fourrages, même étiquette que ci-dessus, avec les mots : *magasins à fourrages*.

Art. 78.

Enfans envoyés à l'école.   1º Le capitaine commandant, dans sa compagnie ou escadron, veille à ce que tous les enfants au-dessus de cinq ans, logeant ou ne logeant point dans la caserne, soient envoyés à l'école; le capitaine de police signale au colonel ceux qu'il remarquerait vaguer dans les cours de la caserne pendant les heures consacrées aux écoles.

Art. 79.

1° L'officier de casernement rend compte, par un rapport au chef d'escadrons-major, des travaux de toute espèce commencés ou en cours d'exécution dans sa caserne; il exprime son opinion sur la manière dont ces travaux sont exécutés, même pour les logements d'officiers.

2° Il adresse tous les mois au major un état des réparations faites et à faire. Dans le cas de réparations urgentes, l'officier de casernement est autorisé à s'adresser directement à l'architecte, et en rend compte ensuite au major.

3° L'officier de casernement, sur la demande des capitaines commandants, pourvoit à la fourniture des ustensiles d'écurie, ainsi qu'aux réparations à faire au mobilier ou aux bâtiments occupés par les compagnies et escadrons; il en rend compte au major.

4° Si l'eau potable vient à manquer dans les casernes, l'officier de casernement fait immédiatement, sur la demande du capitaine de police, des démarches près de l'administration civile, pour en obtenir la quantité nécessaire, sur un bon signé de lui, et en rend compte au major; l'officier de casernement passe, dans la dernière quinzaine de chaque trimestre, une revue du casernement et de la literie.

Officier de casernement.

Art. 80.

1° L'état du logement des officiers de la compagnie ou de l'escadron est affiché au bureau du maréchal des logis chef.

2° L'état général du logement des officiers du corps, est affiché, par les soins de l'adjudant, dans chaque caserne, au corps de garde de police, et, au bureau de service du corps, par l'adjudant-major chargé de la direction du service.

3° Lorsqu'un officier change de logement, il donne sa nouvelle adresse à son maréchal des logis chef, qui la transmet à l'adjudant de la caserne et au capitaine adjudant-major chargé de la direction du service.

4° Les officiers logés dans les pavillons des casernes ne peuvent changer de logement entr'eux ou avec ceux qui sont logés en ville, sans en avoir préalablement obtenu l'autorisation du colonel, par l'intermédiaire du major.

5° Lorsqu'un logement devient vacant à la caserne, ou que la vacance donne droit à l'indemnité de logement, le choix en appartient à l'officier le plus ancien dans la caserne, selon le grade auquel le logement est affecté.

6° Lorsqu'un officier arrive au corps, ou lorsqu'un officier, pour convenances personnelles, demande à changer de caserne, il prend le logement inoccupé dans les pavillons, ou, à défaut, reçoit l'indemnité dévolue à son grade, pour se loger en ville ;

7° Lorsqu'un officier est déplacé de sa caserne, par ordre et dans un intérêt de

Logement des officiers.

service, il concourt à son rang d'ancienneté, avec les officiers de sa nouvelle caserne, pour le choix des logements vacants.

Art. 81.

Cantines et cantiniers.

1° Les cantines et les cantiniers sont placés sous la surveillance spéciale du capitaine de police et adjudant de la caserne.

2° Chaque cantinier est pourvu d'un registre indiquant la date, la quantité et le prix des liquides entrés dans sa cave, et, en regard, les à-compte donnés et certifiés par la signature des vendeurs.

Le capitaine de police se fait représenter souvent ce registre, et y appose son visa. Par ce moyen, il peut éclairer le colonel sur les dettes que pourraient contracter les cantiniers.

3° Les cantiniers préviennent l'adjudant de la caserne toutes les fois qu'ils font entrer des provisions de liquides dans la caserne. L'adjudant en rend compte au capitaine de police, qui veille à leur inscription sur le registre et procède à leur dégustation.

4° Il est interdit aux cantiniers de faire aucun crédit aux militaires du corps. L'infraction à cet ordre entraîne la fermeture momentanée ou définitive de leur cantine.

5° Les cantiniers informent l'adjudant des dépenses faites chez eux, et qui ne leur auraient point été soldées immédiatement. Celui-ci en rend compte au capitaine de police.

6° Il est interdit aux cantiniers de vendre leurs liquides à un prix plus élevé que celui fixé par les ordres du corps; il leur est interdit de débiter des vins fins en bouteilles. Le vin doit être de bonne qualité marchande, sans mélange, et vendu au litre, demi-litre et quart de litre.

7° Lorsqu'un militaire du corps s'enivre dans une cantine, la cantine est fermée pendant un mois; s'il y a récidive, pendant deux mois; à la troisième fois, la cantine est fermée définitivement.

8° Les cantiniers ne sont dispensés d'aucun service; ils sont constamment dans la tenue de la troupe; ils assistent à tous les appels et à toutes les réunions de la compagnie ou de l'escadron.

9° L'entrée des cantines est, en principe, interdite à tout individu étranger au corps et à l'armée, ainsi qu'à tout homme sous le coup d'une punition. Toutefois le capitaine de police et, en son absence, l'adjudant qui lui en rend compte, peut, sur la demande des sous-officiers, brigadiers et gardes, autoriser l'exception à cette règle en faveur des personnes invitées par eux. Dans ce cas, les militaires du corps deviennent responsables de la conduite de leurs invités.

10° Toutes les cantines sont fermées au roulement de l'appel du soir et ne sont ouvertes qu'après le réveil.

11° Chaque cantine est pourvue: à l'extérieur de la porte, d'une étiquette en carton bordée d'un filet rouge; cette étiquette porte le numéro du bataillon, de la compagnie ou de l'escadron, au-dessous, le mot *cantine* et, en troisième ligne, le nom du cantinier.

12° A l'intérieur de la porte, l'inventaire du mobilier fourni par le corps, du modèle prescrit pour les chambres de la troupe.

13° Le présent article est affiché dans chaque cantine par les soins de l'adjudant.

Art. 82.

1° Tous les sous-officiers, excepté ceux en ménage dans la caserne, vivent en pension à la cantine de leur caserne, ou forment un ordinaire qu'ils administrent eux-mêmes, ou enfin, dans le cas où il n'y aurait pas un nombre de sous-officiers assez considérable pour former une pension, ils sont autorisés par le colonel à vivre à l'ordinaire de leur compagnie ou escadron.

2° Les sous-officiers vivant en pension chez les cantiniers, ou s'administrant eux-mêmes, ne peuvent faire un versement de plus de 1 fr. par homme et par jour; ceux vivant aux ordinaires des compagnies et escadrons y versent 5 cent. par jour de plus que les gardes.

3° Les retenues à faire, pour la pension des sous-officiers, sont opérées, le premier jour de chaque quinzaine, par les maréchaux des logis chefs, et soldées par eux aux chefs de pension, sur un reçu nominatif qu'ils remettent à leur capitaine.

4° Les sous-officiers en permission d'un à huit jours, à solde entière, pour tout autre cas que celui de convalescence, continuent à payer la pension. Pour toute permission au-dessus de huit jours, ils sont défalqués de l'ordinaire; ils en préviennent le chef de pension.

5° Les sous-officiers administrant eux-mêmes leur pension, ainsi que les sous-officiers et gardes en ménage, sont autorisés à faire entrer du vin dans la caserne pour leur consommation particulière; mais, sous aucun prétexte, ils ne doivent en vendre ni en céder à aucun militaire non marié, sous peine de punition et de se voir retirer cette autorisation.

Le capitaine de police visite la pension des sous-officiers, à l'heure des repas.

6° L'adjudant veille à ce que les sous-officiers se trouvent régulièrement aux repas. En cas de réclamation sur la qualité ou la quantité des aliments ou boissons, il en prévient le capitaine de police, qui vérifie si elle est fondée, et, dans ce cas, y fait droit immédiatement au compte du cantinier.

7° Le capitaine de police fait prendre, par l'adjudant, les renseignements nécessaires pour s'assurer que les fournisseurs de la pension des sous-officiers sont payés exactement.

8° Les pensions des sous-officiers sont pourvues des mêmes étiquettes que celles prescrites au n° 81, pour les cantines, et, en outre, d'un contrôle nominatif des sous-officiers qui vivent à la pension; ce contrôle est du même modèle que celui des portes des chambrées de la troupe; il est placé dans la salle où mangent les sous-officiers, ainsi que la consigne pour la tenue de la pension; cette dernière, collée sur carton, est affichée par les soins de l'adjudant.

CHAPITRE III.

Appels de la journée.

ART. 83.

Appel au réveil.

1° Au réveil des deux armes, le brigadier de semaine fait l'appel dans les chambres ; il s'informe s'il y a des militaires malades, si les permissionnaires sont rentrés aux heures prescrites, etc., et porte aussitôt au corps de garde le bulletin des militaires malades, sortant de l'hôpital ou rentrant de permission ou congé au-dessus de deux jours hors Paris, en indiquant la lettre de l'escalier et le numéro de la chambrée ; il rend compte au maréchal des logis de semaine, et celui-ci au maréchal des logis chef. Les militaires sortant en patrouille d'une heure à trois heures du matin peuvent rester couchés jusqu'à huit heures du matin.

2° Le maréchal des logis et le brigadier de semaine de cavalerie se rendent aux écuries pour les faire balayer et faire enlever le fumier, ce travail devant être terminé pour le demi-appel du pansage ; ils visitent les licols et reçoivent le rapport des gardes d'écurie sur les événements de la nuit. Le maréchal des logis de semaine fait son rapport au lieutenant de semaine à chaque appel du pansage.

ART. 84.

Appel du pansage.

1° L'appel est fait à rangs ouverts. Les cavaliers tiennent sous le bras gauche un bouchon de paille, et dans la main droite le bridon et la musette contenant une étrille, une brosse, une époussette, une éponge et un peigne.

2° Pendant le pansage, les licols doivent être attachés par la boucle du montant de sous-gorge au fuseau du milieu du râtelier.

3° L'officier de semaine passe l'inspection pendant l'appel. Au pansage de deux heures, il fait donner lecture des décisions et ordres du corps, et commander le service, conformément à l'art. 90. Le 1er et le 2 de chaque mois, il fait donner lecture du Code pénal.

4° Les cavaliers punis de salle de police en sortent pour le pansage, sous la conduite du brigadier de semaine, qui les réintègre aussitôt le pansage terminé, sans leur permettre d'entrer dans les cantines ou les chambrées.

5° Le lieutenant de semaine doit arriver à la sonnerie du demi-appel. Il passe dans les écuries, afin de s'assurer de leur tenue, il se fait rendre compte, à chaque pansage, par les maréchaux des logis de chaque peloton, de la ferrure, et s'en assure lui-même.

6° L'appel du pansage est rendu au capitaine de police par l'officier de semaine, ainsi qu'à l'adjudant-major de cavalerie, s'il assiste au pansage.

ART. 85.

Manière de panser les chevaux.

1° Le pansage a pour but de débarrasser le cheval non seulement de la poussière qui le couvre, mais encore d'ouvrir, par le frottement, les pores de la peau et faciliter la transpiration. Il est donc de première nécessité, sous le rapport hygiénique, que le pansage soit fait dehors pendant la belle saison, à moins de mauvais temps.

2° Pour le pansage, le cheval est attaché par les rênes du bridon, la tête un peu haute. Le cavalier relève le frontal sur la nuque et déboucle la sous-gorge. Les effets de pansage sont placés en ordre, à un mètre en arrière du cheval.

3° Le cavalier tient l'étrille de la main droite, se place près de la croupe, saisit la queue de la main gauche, et passe doucement l'étrille sur toutes les parties charnues du côté droit, allant successivement de la croupe à l'encolure et de l'encolure à la croupe ; il étrille ensuite le côté gauche, tenant la queue de la main droite et l'étrille de la main gauche ; il évite de passer l'étrille sur les parties osseuses et sur les parties de la peau trop minces pour supporter le frottement de cet instrument. Avant de bouchonner, il enlève la crasse à coups légers d'époussette ; il prend ensuite le bouchon, s'approche de la tête du cheval et en frotte toutes les parties ; il bouchonne le côté droit et le côté gauche, et frotte avec soin toutes les parties qui n'ont pas été étrillées.

4° Avant de brosser, il donne un coup d'époussette ; tenant ensuite la brosse de la main droite, et l'étrille, les dents en dessus, de la main gauche, il se replace à la croupe du cheval, et passe d'abord successivement la brosse à rebrousse poil sur toutes les parties du côté gauche, et ensuite dans le sens du poil ; il en fait autant du côté droit. A chaque coup de brosse, il la passe sur les lames de l'étrille pour en enlever la crasse, et, lorsque l'étrille est chargée, il la frappe à petits coups sur un corps dur en arrière du cheval.

5° Avant d'éponger, le cavalier donne un dernier coup d'époussette, et, prenant d'une main l'éponge imbibée d'eau, et de l'autre le peigne, il éponge les yeux et les naseaux ; puis, imprégnant d'eau les crins du toupet et de la crinière, il y passe le peigne pour les démêler. Il lave le dessous de la queue et le fourreau du cheval ; il éponge toute la queue, dont il peigne toute la partie supérieure ; il passe l'éponge, légèrement humide, sur les extrémités ; il essuie toutes les parties humides du cheval avec l'époussette. Quand la queue est crottée, le cavalier frotte les crins les uns contre les autres, et trempe ensuite le fouet dans l'eau ; il ne passe jamais le peigne dans les crins du fouet, afin de ne pas les arracher. Durant les grands froids, les chevaux ne sont point épongés.

6° Au souper des chevaux, le maréchal des logis et le brigadier de semaine veillent à ce que les écuries soient balayées ; ils ne quittent les écuries qu'après que ces soins ont été terminés et que les chevaux ont leur fourrage. Lorsque le pansage est fait dehors, les écuries doivent être aérées et nettoyées avant la rentrée des chevaux.

7° Pendant l'été, lorsque l'ordre en est donné, les chevaux sont attachés le soir en dehors des écuries, pendant une heure, pour prendre l'air. Sortie des chevaux des écuries.

L'officier, le maréchal des logis et le brigadier de semaine sont présents, afin d'éviter les accidents. Pendant ce temps, les écuries sont nettoyées et aérées.

ART. 86.

Le maréchal des logis et le brigadier de semaine se rendent au magasin à Distribution des rations des chevaux.

7

fourrages pour procéder à la distribution, qui est faite par le brigadier de semaine. Le maréchal des logis demeure responsable de toute erreur; il conserve la clef du coffre à avoine et du magasin. L'officier de semaine surveille les distributions ; il vérifie les quantités de fourrage distribuées et celles restant ou entrant en magasin ; il en rend compte à son capitaine.

Art. 87.

Composition de la ration et repas des chevaux.

La ration d'un cheval de la garde de Paris est composée : 1° de 5 kilos de paille ; 2° de 5 kilos de foin ; 3° de 3 kilos 6 hectos d'avoine, qui font environ huit litres et demi. La ration est distribuée, pour les repas, de la manière suivante :

1° Un quart d'heure après le réveil, un tiers de botte de foin; après le pansage, un tiers de botte de paille et une demi-ration d'avoine ; à midi, un tiers de botte de foin ; à trois heures, après le pansage, un tiers de botte de paille et une demi-ration d'avoine ; à sept heures du soir, un tiers de botte de foin et un tiers de botte de paille. Après chaque pansage, on fait boire et rentrer immédiatement les chevaux dans les écuries, dont les ouvertures sont fermées pour éviter les courants d'air.

2° Dès le commencement des froids, et jusqu'au retour de la belle saison, les chevaux sont abreuvés dans les écuries. Les tonnes à eau sont remplies tous les jours, après le pansage du soir.

Art. 88.

Substitution dans la ration des chevaux.

1° On délivre, en remplacement du foin, une quantité double de paille ; en remplacement d'une ration d'avoine, une botte de paille et une de foin ; en remplacement d'une ration d'avoine, deux tiers de cette ration en farine d'orge ; enfin, le son est fourni en quantité double pour une ration d'avoine.

2° Un des officiers de semaine pour deux escadrons, ainsi que le maréchal des logis et le brigadier de semaine de chaque escadron, se trouvent à tous les repas des chevaux ; ils veillent à ce que ce service se fasse régulièrement, et à ce que l'avoine soit bien vannée et le foin secoué pour en faire tomber la poussière.

Art. 89.

Litière des chevaux, et tenue des écuries et selleries.

1° La litière est étendue horizontalement et dépasse d'environ un pied la longueur du bas-flanc; à cet endroit, elle est tressée ou repliée de manière qu'elle ne puisse pas s'étendre. Une fois que la litière est bien bordée en arrière et repliée en dessous, il suffit, pour la maintenir, d'avoir le soin d'engager sous le bourrelet, avec la pelle, tout ce qui s'en détache. C'est particulièrement après avoir sorti les chevaux, et à la fin de chaque pansage, que cette opération doit être faite.

2° Les gardes d'écurie ne laissent jamais séjourner le crottin sous les chevaux ; pour l'enlever, ils n'ont qu'à prendre superficiellement la partie de la litière sur laquelle il repose, et la secouer dans la vannette.

3° La litière est relevée tous les samedis. Les chevaux sont sortis pour cette opération; toutes les portes et croisées sont ouvertes; la litière est étendue dans la cour; une heure ou deux après, suivant l'état de la température, la partie de la litière la mieux conservée est secouée et mise en tas, afin d'éviter son desséchement; le restant est encore exposé à l'action de l'air ou du soleil pendant quelques heures, après quoi on le secoue avec les fourches. Tout ce qui peut être séparé du crottin, par cette seconde opération, sert à former la première couche de la litière. Le produit de la première opération forme la couche supérieure; le résidu est porté aux fumiers.

4° Le jour où la litière est relevée, le pansage du soir est fait dehors. On sort les chevaux une demi-heure avant l'appel. Tous les cavaliers sont employés pour déplacer et replacer la litière, sous la surveillance des brigadiers, sous-officiers et de l'officier de semaine. Les chevaux ne sont rentrés qu'après l'opération terminée.

5° Les gardes d'écurie balaient les écuries aussi souvent que cela est nécessaire, et surtout après la botte donnée. Les râteliers et mangeoires des chevaux de service sont nettoyés, les licols bouclés au râtelier.

6° Les écuries sont pourvues : à l'extérieur de la porte, d'une étiquette sur carton bordée en bleu, indiquant : 1° le numéro de l'escadron, 2° le nom du capitaine commandant et de l'officier de peloton, 3° le nombre de chevaux contenus dans l'écurie; à l'intérieur de la porte, de l'inventaire du matériel fourni par le corps.

7° Les étiquettes des chevaux sont collés sur bois, bordées en bleu; elles indiquent : 1° le nom du cheval; 2° le nom de l'homme; 3° le grade.

8° Les écuries sont pourvues, en outre, de la consigne des gardes d'écurie. (Extrait de l'ordonnance du 21 décembre 1833.)

9° Les selleries sont pourvues : à l'extérieur de la porte, d'une étiquette sur carton bordée en bleu, indiquant : 1° le numéro de l'escadron, 2° le nom du capitaine commandant et du lieutenant de peloton, 3° le nombre de selles contenues dans la sellerie, au-dessous le mot : *Sellerie*; à l'intérieur de la porte, de l'inventaire du matériel.

10° Les selleries sont tenues dans le plus grand ordre de propreté, balayées et époussetées aussi souvent que cela est nécessaire; l'officier, le maréchal des logis et le brigadier de semaine en font la visite tous les jours aux pansages.

ART. 90.

1° Pour toutes les réunions et les formations en bataille, l'appel est fait sur le contrôle par rang de taille, afin d'habituer les militaires à connaître leur rang et à s'y placer promptement. Le capitaine de police fait battre trois roulements; après le troisième roulement, le maréchal des logis chef aligne la compagnie et fait ouvrir les rangs. Au premier coup de baguettes, l'appel commence à la fois dans toutes les compagnies; il est fait par le maréchal des logis chef ou, en son absence, par le maréchal des logis de semaine. Ce dernier, lorsqu'il ne fait point l'appel, se place auprès du maréchal des logis chef pour répondre pour les militaires de service ou absents.

Appel de neuf heures un quart du matin (infanterie).

2º Le brigadier de semaine se place à la droite du premier rang. Les militaires de service sont placés, dans chaque rang, à la droite de ceux qui ne sont pas de service. Le lieutenant de semaine passe l'inspection de la compagnie pendant l'appel.

3º Les gardes d'écurie sont placés à la gauche des cavaliers de piquet.

4º Les sous-officiers et gardes logés en ménage sont tenus de répondre à tous les appels, excepté à celui de quatre heures.

5º L'appel terminé, le maréchal des logis chef en rend compte au lieutenant de semaine, qui, au deuxième coup de baguettes, rend l'appel au capitaine de police. Le maréchal des logis chef fait serrer les rangs, former le cercle; le lieutenant de semaine fait donner lecture à la troupe, par le fourrier, des ordres et décisions, et fait commander nominativement le service du lendemain par le maréchal des logis chef. Chaque ordre ou décision doit être lu à deux appels consécutifs.

Le 1ᵉʳ et le 2 de chaque mois, il fait donner lecture du Code pénal.

6º La lecture des ordres terminée et le service commandé, le capitaine de police fait battre la berloque, et les compagnies rompent les rangs, d'après l'ordre du lieutenant de semaine. Les gardes d'écurie sont conduits à leur poste par le brigadier de semaine.

7º Le capitaine de police fait ensuite rappeler pour la garde. Les maréchaux des logis et brigadiers de semaine réunissent les militaires de service et les placent en colonne sur un rang, par compagnie, les cavaliers sur un rang en arrière de l'infanterie, pour l'inspection du capitaine de police; cette inspection terminée, l'adjudant forme les postes.

Défilé de la garde. 8º Les postes étant formés, les officiers et sous-officiers de semaine se placent devant le front de la troupe, sur quatre rangs, par ordre de compagnie et escadron, de manière que la dernière compagnie soit à hauteur en faisant face à la droite de la garde. L'adjudant se place à la gauche du maréchal des logis chef de la dernière compagnie. Le capitaine de police fait ensuite exécuter quelques temps du maniement d'armes, et fait défiler la garde à son commandement.

9º Si l'officier supérieur de semaine se présente avant le défilé, le capitaine de police prend ses ordres.

ART. 91.

Appel de quatre heures, pour l'infanterie. L'appel de quatre heures est fait dans les chambres par le maréchal des logis de semaine, qui le rend au maréchal des logis chef et à l'adjudant, et ce dernier au capitaine de police.

ART. 92.

Appel du soir, service de nuit. 1º Le maréchal des logis de semaine, accompagné du brigadier de semaine, fait à haute voix, en présence du maréchal des logis chef et de l'officier de semaine, l'appel dans chaque chambrée, sur un contrôle établi pour cet objet.

2° Le maréchal des logis chef constate, à l'appel du soir, l'absence des sous-officiers qui ne sont point rentrés ; leur nom est remis au maréchal des logis de garde à la police, avec celui des militaires en permission de minuit, de dix heures, ou qui doivent être de service pendant la nuit. Les sous-officiers qui ne sont point sortis au moment de l'appel du soir en préviennent le maréchal des logis chef, afin qu'ils ne soient point portés absents. L'appel est rendu par écrit, au capitaine de police, par l'officier de semaine.

ART. 93.

Le maréchal des logis chef fait un contre appel chaque fois qu'il suppose que des militaires se sont esquivés de la caserne ; il en rend compte à l'adjudant, qui en informe le capitaine de police ; le maréchal des logis chef en rend également compte à l'officier de semaine.

Contre-appel.

ART. 94.

1° Le capitaine commandant prescrit des recherches aussitôt qu'un militaire manque aux appels ; il prend tous les renseignements nécessaires afin de connaître ses habitudes et d'arriver promptement à le découvrir et à le faire arrêter ; il en fait mention sur sa situation journalière.

Militaires manquant aux appels.

2° Après le délai de deux jours, le capitaine commandant transmet au major le signalement n° 1 de tout militaire qui manque aux appels ; il se conforme, pour l'inventaire des effets qu'il a laissés et de ceux qu'il a emportés, à l'art. 177 de cette instruction.

3° Tout militaire tenu ou non tenu au service, qui manque aux appels, est déclaré déserteur à l'expiration du huitième jour depuis sa disparition.

4° Tout militaire en congé qui dépasse de quinze jours le terme de congé est déclaré déserteur.

5° Aussitôt qu'un militaire déclaré déserteur est ramené au corps, le capitaine commandant se conforme à l'art. 158 de cette instruction pour le rapport et les pièces à fournir. (Voir l'instruction ministérielle du 16 février 1847.)

ART. 95.

L'officier de piquet fait l'appel du piquet chaque fois qu'il le juge nécessaire, afin de s'assurer de la présence des militaires de service. Si cet appel a lieu le matin, à l'heure du pansage, le maréchal des logis de semaine de cavalerie répond pour les cavaliers de piquet. Les militaires sortis en patrouille d'une à trois heures du matin sont dispensés de se trouver à cet appel ; le sous-officier de piquet en tient note, afin de les faire lever promptement si le piquet devait marcher.

Appel du piquet.

CHAPITRE IV.
Service général.
ART. 96.

Heures du service d'hiver, du 1ᵉʳ octobre au 31 mars.

6 heures.	Réveil pour les deux armes.
6 —	Signature des rapports par le capitaine de police et capitaines commandants ; remise des pièces au capitaine de police.
6 — 1/4.	Déjeuner des chevaux (un tiers de botte de foin).
6 — 1/2.	Arrivée des plantons à l'état-major.
6 — 3/4.	Corvée de propreté intérieure et extérieure des casernes.
6 — 3/4.	Demi-appel pour le pansage.
7 —	Appel et pansage jusqu'à 8 heures (demi-ration d'avoine et un tiers de botte de paille).
7 —	Ouverture des portes de la caserne.
8 —	Visite des médecins.
8 — 1/2.	Réunion des maréchaux des logis chefs à l'état-major pour le rapport.
8 — 1/2.	Roulement de la soupe.
8 — 3/4.	Assemblée et inspection des militaires de service par les maréchaux des logis de semaine.
9 — 10ᵐ.	Rappel aux tambours.
9 — 1/4.	Appel pour les compagnies d'infanterie et les cavaliers de service ; inspection et défilé de la garde immédiatement après l'inspection.
9 — 1/2.	Repas des sous-officiers.
9 — 1/2.	Cours élémentaire, tous les jours de la semaine, excepté le dimanche, pour les deux armes, jusqu'à 11 heures 1/2. Les jours de promenade des chevaux, les cavaliers sont dispensés de se trouver au cours élémentaire.
11 —	Promenade des chevaux jusqu'à midi (*Voir* le tableau de travail pour le changement des heures, suivant la saison).
11 — 1/2.	Service supplémentaire du jour et service du lendemain, affichés dans la boîte du service.
11 — 3/4.	Cours de rédaction, pour les deux armes, jusqu'à 1 heure 3/4, les mardis, jeudis et samedis.
Midi.	Dîner des chevaux. Les jours de travail, les chevaux mangent le repas de midi à la rentrée à l'écurie (un tiers de botte de foin).
Midi.	Exercice des 2ᵉˢ classes d'infanterie, jusqu'à 2 heures 1/2.
1 heure.	Réunion d'un maréchal des logis fourrier par caserne, à l'état-major, pour copier les ordres et décisions de la journée.
1 — 3/4.	Demi-appel pour le pansage.
2 —	Appel et pansage, jusqu'à 3 heures (demi-ration d'avoine et un tiers de botte de paille).
3 —	Départ des porteurs de soupe, des militaires de service dans les postes.

3 heures 1/4.   Deux coups de baguettes pour le repas des militaires de service dans les théâtres.

3 — 3/4.   Inspection et défilé des militaires de service dans les théâtres par le capitaine de police.

4 —   Roulement de la soupe du soir et appel, dans les chambres d'infanterie, par le maréchal des logis de semaine.

4 — 1/4.   Repas des sous-officiers.

7 —   Souper des chevaux (un tiers de botte de foin et un tiers de botte de paille).

» —   Retraite à l'heure fixée par le commandant de la place.

9 —   Appel du soir.

9 —   Fermeture des portes de la caserne.

10 —   Rentrée des sous-officiers.

10 — 1/2.   Extinction des feux.

Un officier de semaine, par deux escadrons, surveille les repas des chevaux. Après chaque pansage, on fait boire les chevaux.

L'adjudant affiche une copie de cet article au corps de garde de police de sa caserne, lorsque l'ordre est donné de prendre le service d'hiver.

ART. 97.

Heures du service d'été, à partir du 1er avril au 30 septembre.

5 heures.   Réveil pour les deux armes.

5 — 1/4.   Déjeuner des chevaux (un tiers de botte de foin).

5 — 1/4.   Signature des rapports par le capitaine de police et capitaines commandants ; remise des pièces au capitaine de police.

5 — 3/4.   Demi-appel pour le pansage.

5 — 3/4.   Corvée de propreté intérieure et extérieure des casernes.

6 —   Appel et pansage, jusqu'à 7 heures (demi-ration d'avoine et un tiers de botte de paille).

6 —   Ouverture des portes de la caserne.

6 —   Arrivée des plantons à l'état-major.

6 — 1/2.   Exercice de la 2e classe d'infanterie, jusqu'à 8 heures 1/4.

7 —   Visite des médecins.

7 — 1/4.   Promenade des chevaux, jusqu'à 8 heures 1/4. (*Voir* le tableau de travail pour le changement des heures, suivant la saison).

8 — 1/2.   Roulement de la soupe.

8 — 1/2.   Réunion des maréchaux des logis chefs à l'état-major pour le rapport.

8 — 3/4.   Assemblée et inspection des militaires de service par les maréchaux des logis de semaine.

9 — 10^m.   Rappel aux tambours.

9 — 1/4.   Appel pour les compagnies d'infanterie et lès cavaliers de service ; inspection et défilé de la garde immédiatement après l'inspection.

9 — 1/2.   Repas des sous-officiers.

9 — 1/2.   Cours élémentaire, tous les jours de la semaine, excepté le dimanche, pour les deux armes, jusqu'à 11 heures 1/2.

11 heures 1/2.		Service supplémentaire du jour et service du lendemain, affichés dans la boîte du service.
11	— 3/4.	Cours de rédaction, pour les deux armes, jusqu'à 1 heure 3/4, les mardis, jeudis et samedis.
Midi.		Dîner des chevaux (un tiers de botte de foin).
1 heure.		Exercice de la 2e classe, jusqu'à 2 heures 3/4.
1	—	Réunion d'un maréchal des logis fourrier par caserne, à l'état-major, pour copier les ordres et décisions de la journée.
1	— 3/4.	Demi-appel pour le pansage.
2	—	Appel et pansage, jusqu'à 3 heures (demi-ration d'avoine et un tiers de botte de paille).
3	—	Départ des porteurs de soupe, des militaires de service dans les postes.
3	— 1/4.	Deux coups de baguettes pour le repas des militaires de service dans les théâtres.
3	— 3/4.	Inspection et défilé des militaires de service dans les théâtres par le capitaine de police.
4	—	Roulement de la soupe du soir et appel, dans les chambres d'infanterie, par le maréchal des logis de semaine.
4	— 1/4.	Repas des sous-officiers.
7	— 1/2.	Souper des chevaux (un tiers de botte de foin et un tiers de botte de paille).
»	—	Retraite à l'heure fixée par le commandant de la place.
9	— 1/2.	Appel du soir.
9	— 1/2.	Fermeture des portes de la caserne.
10	— 1/2.	Rentrée des sous-officiers.
11	— .	Extinction des feux.

Les jours d'instruction à cheval, les chevaux mangent, avant de partir de la caserne, un demi-repas d'avoine, sans faire boire. En rentrant, les chevaux mangent le foin et les cavaliers la soupe. A 9 heures 1/4, appel et pansage pour bouchonner seulement les chevaux et les faire boire; ils mangent ensuite le second demi-repas d'avoine. (Après chaque pansage on fait boire les chevaux).

Un officier de semaine, par deux escadrons, surveille les repas des chevaux.

L'adjudant affiche une copie de cet article au corps de garde de police de sa caserne, lorsque l'ordre est donné pour le service d'été.

ART. 98.

Rapport chez le colonel, à huit heures et demie.

1° Tous les jours, excepté le dimanche, le rapport général a lieu à huit heures et demie dans la salle des rapports, à l'état-major du corps.

Le lieutenant-colonel, le chef d'escadrons, l'adjudant-major de semaine, le médecin-major, l'artiste vétérinaire en premier, les maréchaux des logis chefs des compagnies et escadrons, le tambour ou trompette-major, à tour de rôle et par semaine se rendent à la salle des rapports à l'heure indiquée ci-dessus.

2° A huit heures, l'adjudant-major chargé de la direction du service se rend au bureau du colonel et lui remet le portefeuille contenant tous les rapports de service des vingt-quatre heures, classés par nature de service (ceux qui mentionnent des événements sont placés en première ligne) ; il fait au colonel une analyse verbale de ces rapports. Il soumet à son visa tous les ordres de service qu'il a reçus, les situations et rapports destinés aux différentes autorités et les permissions d'absence ; le major et le trésorier se rendent directement, à huit heures et demie, au bureau du colonel, pour soumettre les pièces comptables et autres à son visa.

3° A huit heures et demie, l'adjudant-major de semaine fait l'appel des maréchaux des logis chefs ; le lieutenant-colonel prend immédiatement connaissance du rapport général, qu'il fait lire à haute voix par l'adjudant-major de semaine; il reçoit du médecin-major et du vétérinaire en premier tous les renseignements nécessaires sur l'état sanitaire des hommes et des chevaux ; il se rend ensuite au bureau du colonel, accompagné du chef d'escadrons, de l'adjudant-major de semaine, du médecin-major et du vétérinaire en premier; il soumet au colonel le rapport général avec ses observations.

4° L'adjudant-major de semaine inscrit, sous la dictée du colonel, toutes les décisions qu'il donne sur les différentes parties du service; le rapport terminé, il retourne à la salle des rapports et dicte aux maréchaux des logis chefs les décisions qu'il collationne avec le plus grand soin, en les faisant répéter à haute voix par les maréchaux des logis chefs.

5° Le dimanche, le rapport général est soumis au colonel par l'adjudant-major chargé de la direction du service; les adjudants se rendent, à huit heures et demie, à la salle des rapports, en remplacement des maréchaux des logis chefs.

6° Le fourrier de semaine commandé dans chaque caserne se rend tous les jours, à une heure, à la salle des rapports, porteur du carnet des décisions et du livre d'ordre de l'adjudant pour copier les ordres et décisions donnés depuis le rapport du matin.

Rapport à une heure.

7° Le nom des officiers entrant en semaine est dicté tous les samedis au rapport, à une heure, afin que les capitaines de police puissent en prendre connaissance.

Art. 99.

Afin de ne point dégarnir complètement les chambrées, en raison de leur formation, d'après le contrôle, pour l'ordre en bataille, le contrôle pour commander tous les services est établi de la manière suivante :

Règles générales pour commander le service.

1° Le plus ancien garde prend le n° 1 du contrôle, le moins ancien le n° 2 ; le second plus ancien prend le n° 3 ; l'avant dernier, par rang d'ancienneté, le n° 4, et ainsi de suite.

2° Ce contrôle est renouvelé le premier jour de chaque trimestre. Les nouveaux admis après l'établissement de ce contrôle, y sont intercalés de distance en distance, et ne reprennent leur rang d'ancienneté qu'au renouvellement du contrôle.

3° Les tours de service sont ainsi établis : premier tour, la garde ; deuxième tour, le piquet; troisième tour, théâtres, soirées ou bals indistinctement. (Voir, pour la rétribution, la page 111 de l'instruction municipale, petit format.)

Tours de service.

4° Le tour de garde est invariable, c'est-à-dire qu'il ne peut être avancé ni

8

reculé sans une nécessité absolue, et sans l'autorisation du capitaine commandant ou l'ordre du colonel.

Les deux autres tours sont subordonnés au premier, et peuvent être avancés ou reculés, suivant leur ordre numérique.

5° Le maréchal des logis chef a toujours soin de laisser au moins un jour d'intervalle entre le tour de garde et celui de piquet de vingt-quatre heures, c'est-à-dire qu'un militaire ne peut être commandé de piquet qu'au moins l'avant-veille de sa garde ou le lendemain du jour où il l'a descendue.

6° Les militaires commandés de piquet éventuel peuvent, ainsi que ceux de théâtre, être commandés de garde le lendemain de ce service, si leur tour les y appelle.

7° Les militaires peuvent être commandés de théâtre à la descente de leur garde ou piquet, ainsi que la veille de ces deux services.

8° Sous aucun prétexte, le maréchal des logis chef ne doit commander de garde à la police des militaires que leur tour appelle à monter en ville. Lorsqu'un militaire de service est indisposé ou absent au moment de la parade, il est remplacé par le premier militaire à marcher pour le service du lendemain.

9° Les tambours sont commandés, à tour de rôle, par le tambour ou trompette-major de semaine, pour le service de garde externe et pour celui de garde à la police, en tenant compte à chacun d'eux, pour le service externe, du nombre de gardes qu'ils ont montées à la police; les trompettes concourent avec les tambours pour le service seulement de garde à la police. Les maréchaux des logis chefs informent immédiatement le tambour ou trompette-major de semaine des mutations, absences ou indisponibilité des tambours ou trompettes. Les tambours ou trompettes commandés de garde se rendent, après l'inspection des hommes de service, à l'endroit où leur poste doit se réunir, à moins qu'il ne soit fourni par la caserne; dans ce cas, ils défilent avec la garde.

10° L'adjudant accorde les remplacements de service aux sous-officiers et brigadiers; il en rend compte au capitaine de police et en prévient le maréchal des logis chef de la compagnie ou escadron. Pour les gardes, le changement est accordé par l'officier de semaine. Le maréchal des logis chef rend compte à son capitaine de tous les changements de tours de service accordés. Aucun changement de tour de service n'est accordé au militaire qui est sous le coup d'une punition.

ART. 100.

1° Tous les rapports de service, demandes et pièces en usage dans le corps, portent en tête un numéro d'ordre (*ces pièces se trouvent chez M. Léautey, imprimeur du corps*). Il est interdit de faire usage d'imprimés qui différeraient des modèles adoptés, soit par le texte, soit par le format; défense est faite aux maréchaux des logis chefs de se pourvoir d'imprimés pour les revendre aux gardes de leur compagnie ou escadron; ces militaires doivent se les procurer eux-mêmes aux prix fixés par le tarif, chez l'imprimeur; les modèles imprimés des rapports et pièces sont déposés au bureau de l'adjudant-major chargé de la direction du service.

2° Les rapports, ainsi que toutes les pièces qui doivent parvenir au colonel, sont remis à l'adjudant de la caserne, qui les adresse à l'état-major par le planton du matin ou par les sous-officiers qui se rendent le matin ou à une heure au rapport ; il n'est dérogé à ce principe que dans des cas d'une nécessité reconnue.

Art. 101.

1° Lorsque le colonel monte à cheval , l'adjudant-major chargé de la direction du service commande un adjudant et deux gardes de cavalerie pour l'escorter.

2° Les lieutenants-colonels, dans les grands services , sont escortés par un adjudant et un garde à cheval ; les chefs d'escadrons et capitaines, par un garde à cheval pris parmi les cavaliers placés sous leurs ordres, et désigné à l'avance par le capitaine adjudant-major chargé de la direction du service.

3° Pour les rondes de postes, il n'est fourni qu'une ordonnance, quel que soit le grade ; cette ordonnance est fournie par l'adjudant de la caserne à laquelle appartient l'officier de service ; s'il n'existe pas de cavalerie dans la caserne, l'adjudant-major chargé de la direction du service commande le cavalier d'ordonnance dans la caserne la plus rapprochée de celle de l'officier de service.

4° Il n'est fourni aucune ordonnance pour les revues ou manœuvres, excepté au colonel un garde à cheval.

5° Il est interdit aux officiers de tous grades de se faire amener leurs chevaux à leur logement par les ordonnances ; tout officier de service se rend à la caserne pour monter à cheval.

Ordonnances d'escorte.

Art. 102.

1° Les officiers sont autorisés à prendre, dans leur compagnie ou escadron, un garde pour panser leurs chevaux et entretenir leurs armes. Ces gardes doivent être à l'école de bataillon ou d'escadron. Ils ne sont dispensés d'aucun service. Les ordonnances des officiers supérieurs et officiers d'état-major sont prises dans l'infanterie. En raison du service fatigant auquel sont soumis les militaires du corps, les officiers supérieurs sont seuls autorisés à payer le service de leurs ordonnances.

2° Certaines éventualités obligeant les capitaines à monter instantanément à cheval, leurs ordonnances sont commandées de préférence pour le service de garde à la police ; elles sont autorisées à s'absenter du poste, seulement pour les pansages , mais, cependant, jamais toutes à la fois ; le chef du poste règle le tour et l'heure de leur absence successive. (Voir, pour la tenue des ordonnances, l'art. 137.)

Ordonnances pour panser les chevaux des officiers.

Art. 103.

Il est interdit aux officiers de tous grades , et à plus forte raison aux sous-officiers, d'apporter aucune innovation dans les pratiques habituelles du service du corps, sans en avoir obtenu préalablement l'autorisation du colonel ; toute infraction à cet ordre doit être sévèrement réprimée sur-le-champ.

Innovations dans le service.

ART. 104.

Casernes consignées.

1° Chaque fois que les casernes sont consignées, tous les officiers et militaires du corps se rendent dans leur caserne. Les officiers ne peuvent s'absenter que pour prendre leurs repas à proximité de la caserne, et après en avoir obtenu l'autorisation du chef qui la commande. Ils sont toujours en tenue de service, moins la coiffure. La cavalerie a les grosses bottes. Les officiers et la troupe doivent se tenir prêts à marcher.

2° Aussitôt que la caserne est consignée, l'officier le plus élevé en grade, ou, à grade égal, le plus ancien en prend le commandement. Les médecins et officiers d'état-major sont prévenus par l'adjudant et se rendent à leur caserne.

3° La consigne est levée de droit le lendemain matin, si les plantons ne rapportent point d'ordres contraires.

4° Les officiers d'administration, maîtres ouvriers, secrétaires et ouvriers, restent dans les casernes; mais ils ne sont astreints à se mettre en tenue et à prendre les armes que d'après l'ordre exprès du colonel; dans ce cas, ils font partie de la garde de police.

ART. 105.

Garde de police et piquet.

1° La force numérique de la garde de police, dans les casernes, est réglée, suivant les localités, par le colonel commandant, sur la proposition du capitaine adjudant-major chargé de la direction du service.

2° La force numérique des piquets est réglée de la même manière, ainsi que pour le cas où les piquets doivent être doublés; elle est calculée de manière à ce qu'ils puissent fournir le service des patrouilles de nuit.

3° Le service des patrouilles de nuit ne devant point être interrompu, les militaires de piquet ne marchent que de jour aux incendies et pour les réquisitions; s'ils n'étaient point rentrés à sept heures du soir, le capitaine de police les ferait relever par des hommes commandés dans les compagnies.

4° Les services éventuels ordonnés par l'état-major sont commandés en dehors des piquets, et répartis également par l'adjudant entre les compagnies ou escadrons de sa caserne.

ART. 106.

Service des patrouilles.

1° Le service des patrouilles s'étend sur les quarante-huit sections qui composent les douze arrondissements de Paris; il se divise en patrouilles de sûreté, fournies par les casernes et les postes de sûreté, et en patrouilles armées, fournies par les postes rentrant des théâtres, bals ou soirées.

2° Les patrouilles de sûreté d'infanterie sont armées du sabre seulement, sous la capote ou le manteau, suivant la saison, et coiffe sur le schako. Chacune de ces patrouilles, infanterie et cavalerie, est composée d'un maréchal des logis ou brigadier et de deux gardes, ou de trois gardes, dont le plus ancien est chef de patrouille. Les patrouilles rentrant des théâtres sont composées d'un maréchal des logis ou brigadier et quatre gardes, ou de quatre à cinq gardes, dont le plus ancien est chef de patrouille.

3° Chaque fois que les patrouilles de sûreté sont dans la section qu'elles doivent explorer, les gardes marchent au pas ordinaire, en longeant les maisons sur les trottoirs à droite et à gauche; le chef marche à dix ou douze pas en arrière.

4° Les patrouilles de cavaliers à pied marchent au pas ordinaire, l'arme sur l'épaule droite; les patrouilles à cheval marchent constamment un pas réglé; celles d'infanterie en armes marchent réunies en silence, au pas ordinaire et l'arme au bras.

5° La durée d'exploration des patrouilles de sûreté est fixée à deux heures; l'itinéraire indique les rues qui circonscrivent la section, son numéro, celui de l'arrondissement et l'adresse du commissaire de police de la section à explorer, ainsi que les postes où les chefs doivent signer cet itinéraire.

6° Le parcours des patrouilles rentrant des théâtres et bals est déterminé sur les itinéraires par l'adjudant, qui doit combiner ce service de manière à faire rentrer ces patrouilles par des chemins différents.

7° Les chefs des patrouilles appelées à surveiller les sections limitrophes des murs d'enceinte se portent dans les rues qui aboutissent aux barrières, afin de prévenir ou réprimer les attaques ou querelles qui produisent si souvent des résultats déplorables. Cette surveillance doit s'exercer principalement sur ces localités jusqu'à une heure du matin.

8° Enfin, les chefs de patrouille doivent déployer une surveillance active et intelligente dans ce service, chercher par tous les moyens possibles à arrêter les malfaiteurs, qui, d'habitude, exercent leur coupable industrie dans les ténèbres, et se conformer à la troisième section du premier chapitre et à la sixième du chapitre IV de l'Instruction municipale (petit format), concernant les arrestations et la manière de faire les patrouilles.

Art. 107.

1° Les sous-officier et gardes se conforment, pour le service des théâtres, bals et soirées particulières, aux prescriptions contenues dans l'Instruction municipale (petit format) relative à ces services, ainsi qu'aux prescriptions de la consigne particulière à chaque établissement; ils rendent compte, dans leur rapport, si, dans les représentations, il se passe, de la part des acteurs, quelques mauvaises plaisanteries ou charges sur la garde de Paris.

Garde des théâtres.

2° La garde des théâtres défile en tout temps à trois heures trois quarts. Elle est inspectée par le capitaine de police, lorsqu'elle est composée de vingt hommes au moins; dans le cas contraire, l'inspection est faite par l'adjudant. Toutefois, si un officier supérieur se présente au moment du défilé, le capitaine de police en est prévenu et doit s'y trouver, quel que soit le nombre des hommes présents.

3° Après l'inspection, l'adjudant réunit en cercle les chefs de poste et leur donne le mot d'ordre; le capitaine de police commande ensuite le défilé.

4° Lorsque le mot d'ordre est changé, l'adjudant en donne avis au capitaine de police, et envoie le nouveau mot cacheté dans tous les établissements fournis par la caserne.

ART. 108.

1° Lorsqu'un sous-officier ou brigadier s'absente ou doit être indisponible pour plus de huit jours, soit par permission, maladie ou autre motif, le capitaine commandant propose au colonel, sur la situation journalière, son remplacement momentané par un sujet pris parmi les candidats au grade du militaire absent et par rang d'ancienneté.

2° L'adjudant a soin, en commandant le service, de placer ces brigadiers ou gardes, faisant fonctions, dans les postes commandés par des titulaires du grade dont ils remplissent les fonctions, ou d'un grade plus élevé.

ART. 109.

1° Dans chaque compagnie, les sections sont désignées, à tour de rôle, pour marcher la nuit, dans le cas où un incendie viendrait à se manifester. Dans chaque escadron, un peloton est désigné pour le même service. Les militaires de ces sections ou pelotons sont prévenus à l'avance qu'ils sont les premiers à marcher pour ce service. Les militaires de piquet ne devant pas marcher la nuit pour le service des incendies, le maréchal des logis chef commande, dans la section qui est la première à marcher, quatre militaires et un brigadier en armes, pour accompagner les travailleurs. Chaque escadron fournit également trois cavaliers à cheval pour ce service. Ces militaires armés sont placés sous le commandement d'un sous-officier commandé par l'adjudant, et sous les ordres de l'officier de piquet, qui prend le commandement des détachements armés et non armés.

2° Les militaires rentrant, après minuit, du service des théâtres, bals et soirées; les plantons de cuisine, les brigadiers d'ordinaire, les sous-officiers et brigadiers de semaine, les militaires commandés de garde pour le lendemain, ne marchent pas pour ce service.

3° Aussitôt que le maréchal des logis de garde à la police est prévenu la nuit qu'un incendie vient d'éclater, il en donne immédiatement avis à l'adjudant, qui en prévient le capitaine de police. L'adjudant fait préalablement donner un premier avertissement au moyen de trois coups de baguettes, et fait éveiller en même temps le lieutenant de piquet, ainsi que les sous-officiers et brigadiers de semaine, qui se hâtent de faire descendre les militaires de la section ou du peloton qui doit marcher pour le service des travailleurs, ainsi que ceux commandés pour marcher en armes.

4° Lorsqu'un incendie se manifeste le jour, à partir de l'ouverture des portes de la caserne, le capitaine de police réunit les militaires présents à la caserne, et envoie des détachements de la force indiquée ci-dessus. Il n'est pas commandé de militaires armés dans les compagnies, mais seulement les trois cavaliers à cheval prescrits au § 1er de cet article. Les militaires du piquet des vingt-quatre heures marchent en armes avec les travailleurs, munis de seaux à incendie; et si, à sept heures du soir, ils ne sont point rentrés, le capitaine de police les fait relever par des militaires armés commandés dans les compagnies.

5° Le lieutenant de piquet, après avoir pris les ordres du capitaine de police, se rend immédiatement sur le lieu du sinistre.

Aussitôt après son arrivée, il détache l'un des trois cavaliers pour venir rendre compte au capitaine de police de la gravité de l'incendie.

6° Le capitaine de police, d'après les renseignements qui lui parviennent, peut, si les circonstances l'exigent, envoyer un nouveau détachement sur le lieu du sinistre. Il en donne le commandement à l'un des officiers de semaine.

7° Si l'incendie offre un caractère de gravité, le capitaine de police en prévient l'officier supérieur commandant la caserne, qui se rend alors sur les lieux pour prendre la direction du service, ainsi que le lieutenant-colonel le plus à portée de l'incendie. A défaut d'officier supérieur, le capitaine de police s'y rend lui-même, après s'être fait remplacer à la caserne par le plus ancien des officiers de semaine. Dans ce cas seulement, le capitaine de police informe immédiatement le colonel commandant de la gravité de l'incendie. L'adjudant-major chargé de la direction du service en informe le préfet de police. Les feux de cheminée et les incendies qui ne présentent aucun danger sont simplement mentionnés sur le rapport du capitaine de police.

8° Le capitaine de police ne doit jamais dégarnir entièrement la caserne; il doit y laisser toujours, savoir : dans les casernes de trois compagnies ou escadrons, cent hommes, y compris la garde de police et le piquet, et cinquante hommes dans celles de moins de trois compagnies ou escadrons.

9° L'officier le plus élevé en grade, ou, à grade égal, le plus ancien de ceux qui se trouvent réunis sur le lieu de l'incendie, prend la direction du service, et envoie un sous-officier à l'état-major de la division et à celui de la place prévenir le capitaine de service.

10° Les militaires en armes qui se trouvent à l'incendie sont exclusivement chargés de faire la police et de surveiller les objets qui sont déposés sur la voie publique ; les piquets des travailleurs sont exclusivement chargés de former la chaîne pour le transport de l'eau, et d'aider à la manœuvre des pompes. Les militaires ne doivent jamais pénétrer dans les maisons, pour déménager les meubles, sans en être formellement requis par les commissaires de police ou officiers de paix présents sur les lieux, ou les chefs des maisons incendiées.

11° Les seaux à incendie sont laissés sur les lieux, réunis, autant que possible, dans un seul emplacement. L'officier de casernement fait connaître immédiatement au commandant des sapeurs-pompiers le nombre de seaux laissés sur le lieu de l'incendie, et ils sont rendus le lendemain aux gardes chargés de les réclamer, sur un bon qui leur est délivré par l'officier de casernement.

Seaux à incendie.

12° Après le renvoi des détachements, l'officier de service signale, sur le rapport qu'il adresse au colonel, l'heure de son arrivée et de son départ, les causes du sinistre, le nom du propriétaire de la maison incendiée, son numéro, le nom de la rue et la perte approximative ; il indique les accidents survenus, les militaires qui se sont distingués par leur intelligence, leur zèle et leur dévouement, ceux qui ont reçu des blessures (voir l'art. 227), ceux enfin dont les effets auraient été détériorés par le fait du service et auxquels il délivre, dans les vingt-

Rapport du chef de détachement; blessures; effets détériorés.

quatre heures, un certificat constatant la nature des pertes ou détoriations (art. 167) ; il mentionne également le nombre de militaires qu'il aurait été obligé de laisser sur le lieu du sinistre pour le maintien de l'ordre au moment du renvoi des détachements.

ART. 110.

Défenses faites aux militaires du corps.

Il est interdit aux militaires du corps :

1° De se trouver aux barrières après la retraite, même étant en permission ;

2° De se baigner isolément ailleurs que dans un bain couvert ;

3° D'agir d'autorité lorsqu'ils sont dans des endroits publics pour leur plaisir (dans ce cas, si des bourgeois leur cherchent querelle, ils doivent s'adresser au commissaire de police pour obtenir justice) ;

4° D'intervenir dans les discussions qui ont lieu entre des particuliers et les cochers de voitures de place, lorsqu'ils sont en station (les surveillants de voitures ont seuls qualité pour trancher ces sortes de difficultés) ; ils ne doivent intervenir que lorsqu'ils en sont requis par ces surveillants ou une autre autorité, ou dans le cas d'absence des surveillants ;

5° De se servir, dans la rédaction des procès-verbaux ou demandes, des anciennes dénominations de poids et mesures ; ils ne doivent employer que les nouvelles dénominations ;

6° De se faire pratiquer des opérations chirurgicales ou traiter pour maladies par d'autres médecins que ceux du corps ;

7° De fréquenter les lieux et maisons défendus, dont la nomenclature est affichée dans les compagnies et escadrons ;

8° De dépasser, sans une permission écrite et signée du colonel, les limites de la garnison.

9° De se vêtir d'effets bourgeois, même étant en permission ou congé, et de paraître en public sans être complètement en tenue.

ART. 111.

Assignations, hommes demandés à l'état-major.

1° Tout militaire assigné comme témoin devant les tribunaux doit en prévenir son capitaine, qui en rend compte sur la situation journalière.

2° Sous aucun prétexte, aucun militaire ne doit manquer de se rendre à l'heure fixée devant les tribunaux ou à l'état-major ; s'il était de service, il en préviendrait le maréchal des logis chef, qui le ferait remplacer momentanément ou entièrement, suivant le cas. (Voir pour la tenue, art. 137).

ART. 112.

Objets trouvés sur la voie publique.

1° Tout militaire qui trouve des papiers ou objets sur la voie publique les porte de suite au bureau de l'état-major du corps, avec une note indiquant le jour, l'heure et l'endroit où il les a trouvés.

2° Lorsqu'ils sont trouvés dans un établissement public, ils sont remis au commissaire de police ou officier de paix de service. Avis en est donné au chef de l'établissement. Le chef du poste en fait mention sur son rapport.

· 3° Défense est faite aux militaires de réclamer aucune indemnité pour la remise de ces objets.

ART. 113.

Il est expressément défendu, conformément à l'art. 275 de l'ord. du 29 octobre 1820, à tout militaire du corps de tenir cabaret, commerce, métier ou profession quelconque ; les femmes ne peuvent également, dans la résidence de leur mari, tenir cabaret, billard, café ou tabagie. Ceux qui contreviendraient à ces dispositions sont signalés au colonel.

Établissements commerciaux.

ART. 114.

Conformément à une décision ministérielle du 30 septembre 1840, tous les militaires du corps sont exempts du droit de péage sur tous les ponts de la capitale, lorsqu'ils sont en tenue, même du matin.

Péage sur les ponts.

ART. 115.

Afin de prévenir, autant que possible, les maladies des chevaux, les cavaliers observent les précautions suivantes :

Soins à donner aux chevaux pour éviter les maladies.

1° En rentrant de course, ils reviennent au pas, ne débrident qu'à l'écurie, bouchonnent leurs chevaux, leur mettent la couverte ou le caparaçon, et ne les font boire qu'une heure après la rentrée à l'écurie.

2° Les cavaliers placés en vedette, surtout pendant le service de nuit, ne doivent pas rester complètement en place ; ils font marcher leurs chevaux de temps à autre, sans cependant s'écarter de leur poste.

Vedettes.

3° Dans les postes composés d'un brigadier et de trois gardes, le brigadier alterne avec les gardes pour faire les courses ; dans les postes plus nombreux, le chef du poste ne fait de courses que lorsqu'il y a nécessité de service ou trop grande fatigue pour les chevaux.

Ordonnances à cheval.

4° Les chevaux malades peuvent être promenés en main ou montés dans les cours, d'après l'avis de l'artiste vétérinaire et sur l'autorisation du commandant de l'escadron. Excepté le cas de service, aucun cheval de troupe ne peut être sorti de la caserne sans une autorisation du colonel.

Chevaux montés dans la cour ou hors la caserne.

5° Les cavaliers ne doivent jamais maltraiter leurs chevaux, mais au contraire employer la douceur, afin d'obtenir d'eux les résultats que des moyens violents éloignent toujours. La correction ne doit être employée qu'après avoir épuisé tous les moyens de douceur, et encore elle ne doit avoir lieu qu'avec beaucoup de discernement. Tout cavalier qui est convaincu d'avoir maltraité son cheval doit être puni sévèrement.

Chevaux maltraités.

ART. 116.

1° Lorsque des militaires du corps passent à portée de leurs supérieurs de toutes armes, ils les saluent de la manière suivante : s'ils sont coiffés du schako, ils portent la main au schako ; s'ils sont coiffés du chapeau, ils portent la main

Forme du salut.

au chapeau sans se découvrir; s'ils sont coiffés du bonnet de police, ils se découvrent; ce salut est fait à quatre pas du supérieur auquel il s'adresse. Lorsque des militaires se présentent à leur supérieur ou que leur supérieur leur adresse la parole, ils se découvrent s'ils sont coiffés du chapeau ou du bonnet de police, ils prennent le chapeau de la main droite, par la corne du milieu, les quatre doigts en dedans, le pouce en dessus, étendent le bras le long de la cuisse droite et prennent la position militaire ; s'ils sont coiffés du schako, ils portent la main au schako. Lorsque des militaires de service et en armes sont isolés et qu'ils passent à portée d'un supérieur auquel le port d'armes est dû, ils prennent, sans s'arrêter, le port d'armes de sous-officier; s'ils se trouvent sur le passage de l'empereur, ils s'arrêtent , lui font face et présentent les armes. Lorsque des militaires de service sont assis devant leur poste et qu'un officier vient à passer, ils se lèvent, mais sans porter la main à la coiffure; il en est de même lorsque des officiers entrent dans le poste. Toutefois les militaires qui prennent du repos sur le lit de camp ne sont pas obligés de se lever, à moins que l'officier ne soit de service et qu'il le prescrive. (Voir l'art. 57 pour les marques de respect dues aux officiers lorsqu'ils se présentent dans les chambrées).

2° Conformément à la circulaire du 15 octobre 1842, les militaires du corps, en raison de la spécialité de leurs fonctions, ne sont pas tenus au salut envers les sous-officiers de l'armée, mais ils doivent être prévenants envers eux et ne jamais s'écarter des règles de la politesse et de la déférence que les militaires de tous les corps de l'armée se doivent entre eux.

CHAPITRE V.

Instruction théorique, pratique et élémentaire du corps.

Art. 117.

Instruction théorique et pratique des deux armes.

1° Les lieutenants-colonels dirigent l'instruction théorique et pratique de leur arme, conformément au tableau de travail établi et soumis par eux à l'approbation du colonel; ils font, deux fois par semaine, la théorie aux capitaines et adjudants-majors de leur arme.

2° Les chefs d'escadrons sont responsables de l'instruction théorique et pratique de leurs bataillons ou escadrons, ils font deux fois par semaine la théorie à leurs lieutenants.

3° Les théories ont lieu aux jours et heures fixés par le tableau de travail.

4° Le 1er de chaque mois les chefs d'escadrons adressent au lieutenant-colonel, en double expédition, l'état théorique de leurs lieutenants; les lieutenants-colonels adressent une expédition de cet état au colonel et y joignent l'état théorique des capitaines et adjudants-majors.

5° Les lieutenants-colonels dispensent du cours théorique les officiers dont l'instruction ne laisse plus rien à désirer; mais ces officiers figurent néanmoins sur l'état théorique avec l'indication du mot exempt en regard de leur nom. Les états théoriques sont établis conformément au 13ᵉ paragraphe de l'art. 118.

6° Les lieutenants d'infanterie dont l'instruction est complète sont autorisés par le lieutenant-colonel à assister avec les capitaines aux cours sur les évolutions de ligne.

Art. 118.

1° L'instruction théorique des officiers supérieurs et capitaines d'infanterie comprend en entier l'ordonnance sur les manœuvres et l'instruction municipale petit et grand format.

Instruction théorique des officiers d'infanterie.

2° L'instruction des lieutenants comprend les écoles du soldat, peloton et bataillon, et les mêmes règlements.

3° L'instruction des sous-officiers, ainsi que des brigadiers proposés pour le grade de maréchal des logis, comprend les écoles du soldat, de peloton, le maniement de l'arme des sous-officiers, l'instruction municipale petit et grand format, en ce qui concerne leurs fonctions et celles du grade immédiatement supérieur et inférieur.

Sous-officiers.

4° L'instruction des brigadiers, ainsi que celle des gardes proposés pour le grade de brigadier, comprend l'école du soldat seulement, le maniement de l'arme comme sous-officier, l'instruction municipale (petit et grand format), en ce qui concerne leurs fonctions et celles du grade immédiatement supérieur.

Brigadiers.

5° Tous les sous-officiers, brigadiers et gardes candidats, doivent suivre le cours théorique.

6° Un officier et deux sous-officiers par division, désignés par le lieutenant-colonel, sont chargés de la théorie militaire et municipale des sous-officiers, brigadiers et gardes candidats de leur division, pendant toute la durée de l'instruction théorique. Ces deux sous-officiers sont choisis parmi ceux dont l'instruction théorique est terminée et qui sont exempts de théorie.

Officiers et s.-officiers chargés de diriger l'instruction théorique.

7° L'officier chargé de la théorie ne peut, sous aucun prétexte, excepté le cas de service, se dispenser d'y assister; il interroge lui-même les sujets les plus avancés; il partage les sujets les moins avancés entre les deux sous-officiers chargés de le seconder et de le suppléer en cas d'absence.

8° La théorie sur le maniement d'armes est faite pratiquement, afin d'en faire mieux comprendre le mécanisme : l'officier instructeur fait prendre une arme à celui qui récite et lui fait exécuter les différents mouvements. Les commandements et le texte sont prononcés à pleine voix, comme sur le terrain.

9° La théorie est faite aux jours et heures fixés par le tableau de travail, d'après la progression établie sur les états de théorie, sans en intervertir, sous aucun prétexte, les différentes parties. Les comptables et employés à l'instruction pratique et élémentaire sont, lorsque la spécialité de leurs fonctions y met empêchement, dispensés de se trouver à la théorie aux heures indiquées ; mais le lieutenant instructeur les interroge au moment qu'il juge convenable et qu'il leur fixe.

10° L'adjudant-major surveille la théorie des sous-officiers, brigadiers et gardes candidats de son bataillon; il assiste à ces théories et s'assure que le temps fixé pour leur durée soit exactement employé.

Théorie municipale aux gardes. — 11º La théorie sur l'instruction municipale est faite, dans chaque subdivision, par le maréchal des logis qui la commande, et, à son défaut, par le plus ancien brigadier, de manière à ce que tous les militaires soient interrogés. L'officier de section assiste à cette théorie sous la surveillance du capitaine commandant. Cette théorie est faite aux jours et heures fixés par le tableau de travail.

Examens théoriques. — 12º Aussitôt qu'un sous-officier ou brigadier a terminé son instruction théorique d'une manière satisfaisante, le lieutenant instructeur en donne avis au capitaine adjudant-major du bataillon, qui fait subir à ce sous-officier ou brigadier un examen, et, s'il le juge suffisamment instruit, il le dispense de suivre le cours théorique; le lieutenant instructeur ne désigne à l'examen de l'adjudant-major que les sujets capables de le subir convenablement.

États mensuels de théories. — 13º L'officier chargé de la théorie adresse, le 1er de chaque mois, à l'adjudant-major de son bataillon, en triple expédition et par compagnie, l'état théorique des sous-officiers, brigadiers et gardes candidats de sa division, sur lequel il indique, dans chaque colonne de l'état, par le mot *exempt*, le sujet qui a été examiné et exempté par l'adjudant-major, et par le mot *fini*, le sujet qui a terminé son instruction mais qui n'a pas encore été examiné ni exempté par l'adjudant-major; et enfin, pour les militaires absents et pour ceux qui n'ont pas encore terminé, il indique le dernier numéro auquel ils en sont restés. Il indique, en outre, pour les absents, le motif et la date de l'absence. Les états de théories sont établis sur des imprimés conformes au modèle adopté pour le corps.

14º L'adjudant-major, après avoir vérifié ces états et s'être assuré qu'ils ont été remplis conformément aux instructions du présent article, les vise; il en adresse une expédition à son chef d'escadrons, et les deux autres au lieutenant-colonel, qui en remet lui-même une expédition au colonel.

15º L'adjudant-major adresse, en outre, le 1er de chaque mois, au lieutenant-colonel, l'état nominatif, par compagnie ou escadron, des sujets qu'il a examinés et exemptés de suivre le cours théorique; dans le cas contraire, l'état est néant. Il fait, deux fois par semaine, la théorie à ses adjudants; il en indique le résultat au bas de l'état théorique de la première compagnie de son bataillon ou escadrons. L'instruction des adjudants comprend les mêmes éléments que celle des officiers. La permission de s'absenter des théories n'est accordée aux sous-officiers, brigadiers et gardes candidats, que par le capitaine adjudant-major du bataillon ou des escadrons.

16º Les jours d'exercice, lorsque le temps ne permet pas de se rendre sur le terrain, une théorie est faite aux gardes, sur le démontage et remontage des armes ou les principes du tir, par chaque maréchal des logis de subdivision, ou, en son absence, par le plus ancien brigadier; si un second exercice vient à manquer, la théorie a lieu sur le service des places; et enfin, la troisième, sur l'instruction municipale. Tous les officiers assistent à cette théorie.

17º La théorie sur le service des places est faite, de temps à autre, pratiquement, dans les cours de la caserne. A cet effet, on forme des postes dans différents endroits de la caserne, pour la reconnaissance des rondes et patrouilles.

18° Les sous-officiers, brigadiers et gardes doivent remplir, chaque semaine, une page sur leur cahier de procès-verbaux ; l'officier de peloton ou de section vérifie ces cahiers le 30 de chaque mois. Il indique, par une note en marge, le résultat des progrès et le signe ; le capitaine commandant les vise le dernier jour de chaque trimestre ; le chef d'escadrons se fait représenter, de temps à autre, les cahiers de procès-verbaux de son bataillon ou escadrons, pour s'assurer que ces dispositions sont exécutées. Les sous-officiers comptables sont dispensés d'être pourvus de cahiers de procès-verbaux.

19° Le capitaine commandant veille à ce que les sous-officiers, brigadiers et gardes soient pourvus d'un exemplaire du Formulaire des Procès-Verbaux, de l'Instruction municipale, d'un cahier de procès-verbaux, et qu'en outre les sous-officiers et brigadiers soient pourvus également des règlements et théories nécessaires à leur instruction.

Art. 119.

1° L'instruction des officiers de tous grades de cavalerie comprend les cinq titres de l'ordonnance et l'instruction municipale (petit et grand format).

Instruction théorique des officiers de cavalerie.

2° L'instruction, pour les sous-officiers et brigadiers proposés pour le grade de maréchal des logis, comprend les bases de l'instruction, l'école du cavalier, l'école du peloton et l'école d'escadron à pied et à cheval, l'instruction municipale (petit et grand format), en ce qui concerne leurs fonctions et celles du grade immédiatement supérieur et inférieur.

Sous-officiers.

3° L'instruction des brigadiers et gardes proposés pour le grade de brigadier comprend les bases de l'instruction, toutes les leçons à pied et à cheval et l'instion municipale (petit et grand format), en ce qui concerne leurs fonctions et celles du grade immédiatement supérieur.

Brigadiers.

4° Un officier et un sous-officier par escadron, désignés par le lieutenant-colonel, sont chargés de la théorie militaire et municipale des sous-officiers, brigadiers et gardes candidats de leur escadron, pendant toute la durée de l'instruction théorique. Cet officier se conforme aux dispositions prescrites par l'art. 118.

Officier chargé des théories.

5° L'adjudant-major de cavalerie se conforme aux dispositions du même article.

6° La théorie sur l'instruction municipale est faite aux cavaliers comme il est prescrit à l'art. 118 pour les gardes d'infanterie.

Théorie municipale aux cavaliers.

7° Les jours de manœuvre, si le temps ne permet pas de se rendre sur le terrain, une théorie est faite aux cavaliers sur le montage et le démontage des armes, ou sur l'instruction municipale et le paquetage.

Tous les officiers de l'escadron assistent à cette théorie.

8° Les capitaines commandant les escadrons se conforment aux 19e et 20e paragraphes de l'art. 118.

ART. 120.

Instruction pratique (infanterie).

L'instruction pratique de l'infanterie recommence chaque année, aux époques fixées par le tableau de travail, dans la progression suivante :

1° Instruction d'un peloton-modèle par bataïllon. Ces pelotons sont composés de tous les sous-officiers, brigadiers et gardes candidats, sans exception ; ils sont exercés au maniement de l'arme, comme sous-officiers et soldats ; ils parcourent toutes les lecons de l'école de peloton, et sont ensuite exercés à l'école des guides. L'école d'intonnation est faite pendant le repos.

L'adjudant-major de chaque bataillon est chargé, sous la direction de son chef de bataillon, de l'instruction du peloton-modèle de son bataillon; il a sous ses ordres, pour le seconder, deux officiers désignés par le lieutenant-colonel.

Les officiers dont l'instruction pratique n'est pas achevée, sont désignés par le lieutenant-colonel pour assister aux exercices du peloton-modèle de leur bataillon.

2° Exercices de détail des compagnies pour l'école de peloton et tir à la cible;

3° Ecole de bataillon ;

4° Evolutions de ligne et exercices à feu.

En cas de mauvais temps, le contre-ordre pour l'exercice est donné assez à temps, dans les casernes, par le lieutenant-colonel. Dans ce cas, une théorie a lieu dans les chambres, comme il est prescrit art. 118.

5° Les jours d'exercices à feu, l'officier de semaine fait retirer, avant l'heure du rappel, les cartouches à balles des gibernes; après l'appel, le capitaine commandant, aidé de ses officiers, passe une inspection minutieuse des gibernes pour s'assurer qu'elles ne contiennent aucune cartouche à balle ; il demeure personnellement responsable de toute négligence dans l'exécution de cette prescription et des accidents qui pourraient en résulter ; les cartouches d'exercice sont ensuite distribuées à la troupe par le maréchal des logis chef et par le fourrier.

6° La permission des exercices des pelotons-modèles est accordée aux sous-officiers, brigadiers et gardes candidats par l'adjudant-major du bataillon ou d'escadrons ; les permissions de manquer aux exercices de détail des compagnies, bataillons et escadrons, sont accordées par les chefs d'escadrons; aucune permission n'est accordée pour les services généraux du corps que par le lieutenant-colonel.

ART. 121.

Deuxième classe d'infanterie.

1° Le lieutenant-colonel désigne un lieutenant, un maréchal des logis et deux brigadiers d'infanterie, comme instructeurs de la deuxième classe, dans chaque bataillon. Ce sous-officier et ces brigadiers ne font d'autre service que la semaine, la garde et le théàtre; ils montent la garde en ville. Toutefois, l'adjudant a soin de les commander de service de manière à ce qu'il en reste toujours deux pour l'instruction.

2° L'adjudant-major assiste à l'exercice de la deuxième classe de son bataillon, dont il dirige l'instruction : le nombre des instructeurs est augmenté , suivant les besoins, sur la proposition faite par cet officier au lieutenant-colonel.

3° Tous les nouveaux admis sortant de la cavalerie, des armes spéciales, ou qui ne sont pas en état de manœuvrer au bataillon, sont désignés, par le capitaine commandant, pour faire partie de la deuxième classe. Le capitaine commandant fait remettre l'état nominatif de ces militaires au capitaine adjudant-major de son bataillon, aussitôt qu'ils sont armés.

4° Les nouveaux admis sortant de la ligne sont exercés tous les jours aux mouvements de la baïonnette et de l'inspection des armes, de midi à une heure, par des sous-officiers désignés par le commandant de la compagnie, jusqu'à ce qu'ils exécutent parfaitement ces mouvements. Les chefs d'escadrons s'assurent de l'exécution de cette disposition.

5° Les militaires de la deuxième classe sont exercés aux jours et heures fixés par le tableau de travail. Ils ne montent la garde que le samedi, et de préférence à la police, surtout lorsqu'ils ne sont pas complètement habillés et équipés.

6° Lorsque le capitaine adjudant-major juge que des militaires de la deuxième classe sont susceptibles de passer au bataillon , il en prévient son chef d'escadrons, qui se rend sur le terrain pour les examiner. Le chef d'escadrons prononce, s'il y a lieu, l'admission de ces militaires au bataillon et en informe le lieutenant-colonel.

7° Le 1er de chaque mois, le capitaine adjudant-major adresse au lieutenant-colonel, par la voie hiérarchique, l'état nominatif et par classe, en double expédition , des militaires de la deuxième classe, avec la date de leur admission à cette classe ; au bas de cet état il indique le nom des sous-officiers et brigadiers employés à l'instruction, et mentionne l'époque depuis laquelle ils y sont employés, ainsi que leur degré de zèle et d'aptitude. Le lieutenant-colonel adresse une expédition de ces états au colonel.

État des militaires de la 2e classe.

La permission de s'absenter des deuxièmes classes est accordée par le capitaine adjudant-major du bataillon.

ART. 122.

1° Conformément à la décision ministérielle du 20 août 1852, et dans l'intérêt de MM. les officiers de l'arme de l'infanterie, le colonel les engage à acquérir l'aptitude nécessaire à bien conduire et à manœuvrer un cheval en face de la troupe ; ils doivent donc s'occuper de pousser leur instruction théorique et pratique sur cette partie. En conséquence , ils doivent prendre des leçons d'équitation jusqu'à ce qu'ils soient susceptibles de suivre l'instruction militaire à cheval ; ils sont alors attachés aux pelotons d'instruction de la cavalerie sous la direction du chef d'escadrons de cette arme.

Instruction équestre des officiers d'infanterie.

2° Nul officier d'infanterie ne peut être porté pour un grade supérieur, au choix, s'il ne justifie de son aptitude à manœuvrer convenablement un cheval en face de la troupe.

ART. 123.

1° L'école des tambours a lieu , sous la surveillance du capitaine adjudant-major de chaque bataillon, aux jours et heures fixés par le tableau de travail.

École des tambours.

2° Le tambour-major rend compte au capitaine adjudant-major du bataillon et au capitaine de la compagnie des manquements aux réunions et des punitions qu'il aurait infligées.

3° La permission de s'absenter des répétitions des batteries est accordée par le tambour-major, qui en rend compte à l'adjudant-major du bataillon.

ART. 124.

Instruction pratique de la cavalerie.

L'instruction pratique de la cavalerie recommence chaque année, aux époques fixées par le tableau de travail, dans la progression suivante :

1° Instruction des pelotons-modèles des escadrons, composés de tous les sous-officiers, brigadiers et gardes candidats, sans exception. Ces pelotons exécutent d'abord l'école du peloton à pied, et ensuite l'école du peloton à cheval.

2° Ecole du peloton à pied et à cheval par escadrons.

3° Ecole de l'escadron d'instruction à pied à cheval.

4° Evolutions de régiment.

5° Un chef d'escadrons, ayant sous ses ordres un adjudant-major, des officiers et sous-officiers désignés par le lieutenant-colonel, est chargé de diriger l'instruction à cheval des pelotons-modèles et celle de détail des escadrons.

Un chef d'escadrons, ayant sous ses ordres un adjudant-major, des officiers et sous-officiers désignés par le lieutenant-colonel, est chargé de diriger l'instruction à pied des pelotons-modèles et celle de détail des escadrons.

L'école d'intonation est faite pendant les repos.

6° En cas de mauvais temps, le contre-ordre pour la manœuvre est donné assez à temps, dans les casernes, par le lieutenant-colonel ; la théorie est faite dans les chambres, comme il est prescrit art. 119.

ART. 125.

Deuxième classe de cavalerie.

1° La deuxième classe est formée des cavaliers qui sortent des armes spéciales, ou qui ne connaissent point le maniement du mousqueton et du sabre. Ces cavaliers ne sont exemptés d'aucun service ; ils sont exercés tous les jours, aux heures indiquées par le tableau de travail, dans leur escadron respectif, sous la surveillance de l'officier de semaine et la direction du capitaine adjudant-major des escadrons, par des sous-officiers et brigadiers désignés dans chaque escadron par le chef d'escadrons, qui s'assure de l'exécution de cette disposition. L'adjudant-major se conforme au 7° paragraphe de l'art. 121.

ART. 126.

Dressage des jeunes chevaux.

1° Les cavaliers qui reçoivent des jeunes chevaux sont détachés et mis en subsistance dans les escadrons des Célestins, pour que leurs chevaux y soient exercés et reçoivent l'instruction nécessaire. Ces cavaliers ne font que le service des théâtres et les gardes d'écurie.

2° Les jeunes chevaux de remonte sont promenés au pas tous les jours pendant une heure le matin et le soir, et ne commencent l'instruction que lorsqu'ils sont reconnus capables d'en supporter la fatigue par l'artiste vétérinaire en premier, qui en informe le lieutenant-colonel de cavalerie.

3° Un adjudant-major de cavalerie dirige et surveille le dressage des jeunes chevaux ; un sous-officier et un brigadier sont désignés par le lieutenant-colonel de cavalerie pour le seconder. Tous les samedis, il adresse, par la voie hiérarchique, un rapport au colonel sur les progrès faits par les jeunes chevaux. Lorsque l'instruction des jeunes chevaux est achevée, il en prévient le lieutenant-colonel de cavalerie, qui se rend sur le terrain pour les examiner ; le lieutenant-colonel prononce leur admission à l'escadron et en rend compte au colonel.

Art. 127.

1° Les trompettes sont réunis, aux jours et heures fixés par le tableau de travail, à la caserne des Célestins, pour la répétition des sonneries d'ordonnance, sous la surveillance d'un capitaine adjudant-major de cavalerie. Ces sonneries sont répétées à pied et à cheval.
École des trompettes.

Le trompette-major rend compte des manquements aux réunions, et des punitions qu'il a infligées, au commandant de l'escadron, ainsi qu'au capitaine adjudant-major.

2° Les répétitions de la musique ont lieu à la caserne des Célestins aux jours et heures fixés par le tableau de travail, sous la surveillance du capitaine chargé de la direction de la musique ; le trompette-major lui rend compte, ainsi qu'au commandant de la compagnie dont le musicien fait partie, des manquements et des punitions qu'il a infligées.
Répétitions de la musique.

3° La permission de s'absenter des répétitions est accordée aux trompettes et musiciens par le trompette-major, qui en rend compte, pour les trompettes, au capitaine adjudant-major de cavalerie, et, pour les musiciens, au capitaine chargé de la musique ; aucune permission de manquer aux réunions partielles du corps ne peut être accordée aux musiciens et trompettes que par le lieutenant-colonel de leur arme ; aucune permission n'est accordée pour les réunions générales.

Art. 128.

1° Les écoles sont sous la direction spéciale du chef d'escadrons major, qui pourvoit à tous leurs besoins.
École d'instruction élémentaire.

2° Un lieutenant, désigné par le colonel, sur la proposition du major, est chargé de la surveillance générale des écoles. Cet officier a sous ses ordres des sous-officiers, brigadiers et gardes, qui remplissent les fonctions de moniteurs généraux et moniteurs particuliers dans l'école de chaque caserne. L'officier chargé des écoles est dispensé de tout service de place ; il remplit néanmoins ses devoirs d'officier de section.

3° La fréquentation des écoles est un devoir pour tout militaire du corps dont l'instruction n'est pas complète sous le rapport de l'écriture, de l'orthographe, de la rédaction et de l'arithmétique élémentaire.

4° L'école est divisée en deux cours : 1° cours élémentaire ; 2° cours de rédaction.

10

5° Les cours ont lieu aux jours et heures fixés par le tableau de travail.

6° Tout militaire, le lendemain de son arrivée au corps, est conduit, d'après l'ordre du capitaine commandant, par le brigadier de semaine au moniteur général de la caserne, qui l'inscrit sur le registre de l'école, lui fait écrire quelques lignes sur la feuille matricule, afin de vérifier et constater son degré d'instruction en écriture et orthographe. Le moniteur général le classe ensuite dans un des cours, d'après son degré d'instruction.

7° Tout militaire inscrit sur le registre de l'école doit, lorsqu'il n'est pas de service, assister au cours dont il fait partie. Les militaires qui montent le piquet ou descendent la garde sont dispensés d'assister au cours.

8° La tenue, pour l'école, est en veste, bonnet de police et bottes. Le moniteur général veille à ce que cette tenue soit observée. Il fait toujours lui-même l'appel des militaires avant de commencer la leçon. Les brigadiers de semaine répondent pour ceux qui sont de service.

9° Le moniteur général transmet tous les jours au lieutenant chargé des écoles la liste, signée de lui, des militaires qui ont manqué aux cours, et indique si c'est pour la première, deuxième ou troisième fois.

10° Les punitions suivantes sont infligées par le moniteur général pour manquement aux cours :

La première fois, la réprimande ;

La deuxième fois, la privation de toute permission d'école pendant un mois ;

Et la troisième fois, la consigne.

11° S'il y a persévérance, le moniteur général fait un rapport au lieutenant chargé des écoles. Cet officier, après avoir indiqué le nombre d'absences et de punitions encourues par l'élève, et son degré d'aptitude, transmet ce rapport au chef d'escadrons-major, qui prononce à l'égard du militaire telle punition qu'il juge convenable.

12° Lorsqu'un militaire change de caserne, le maréchal des logis chef de la compagnie ou de l'escadron en informe le moniteur général de sa caserne ; ce dernier adresse au moniteur général de la nouvelle caserne dont le militaire fait partie, sa feuille matricule et des notes sur son aptitude.

13° Les exemptions des cours se donnent à ceux qui, les ayant suivis, sont reconnus suffisamment instruits, ainsi qu'à ceux qui, pour cause d'âge ou manque d'aptitude, sont jugés incapables de suivre les cours avec fruit. Les tambours et trompettes sont dispensés d'assister aux écoles lorsqu'ils en font la demande.

14° Lorsque le moniteur général juge un militaire suffisamment instruit, il lui fait faire une composition et la remet au lieutenant chargé des écoles, qui demande son exemption du cours au major.

15° Le dernier jour de chaque trimestre, le lieutenant chargé des écoles adresse au major :

1° Un rapport circonstancié constatant les progrès des élèves qui, par leur assiduité et leur bonne conduite, ont mérité la bienveillance du colonel ;

2° Un état nominatif de ceux qui ont été exemptés de l'école comme suffisamment instruits, ainsi que de ceux qui, pour cause d'âge ou de manque d'aptitude, ont été jugés incapables de suivre les cours avec fruit ;

3º Un état nominatif des moniteurs qui se sont distingués dans leurs fonctions par leur zèle et leur capacité ;

4º Enfin, un état constatant l'effectif et les mutations qui sont survenues pendant le trimestre. Ces états sont soumis au colonel par le major.

16º Le plus grand silence doit être observé pendant les cours. Le moniteur général punit l'élève qui enfreint cette consigne.

17º Les moniteurs généraux ne montent la garde que le samedi à la police ; les moniteurs particuliers montent la garde, le jeudi de chaque semaine, à la police. Ils font, les uns et les autres, le service des théâtres.

18º Le directeur adjoint et les moniteurs généraux jouissent de la permission de minuit, et les moniteurs particuliers de celle de dix heures et demie, comme les sous-officiers. Un certain nombre d'élèves, désignés parmi ceux qui se distinguent par leur assiduité au travail, sont proposés au colonel pour jouir de la même faveur.

19º Le capitaine de police surveille la police des écoles et la tenue des militaires qui les fréquentent, mais il reste étranger à l'enseignement.

20º L'inventaire du mobilier et des ouvrages qui existent dans chaque école est dressé par le lieutenant directeur des écoles; le moniteur général en est responsable. Cet inventaire est signé par le moniteur général, par le lieutenant directeur, et visé par le major.

21º Les écoles sont pourvues : à l'extérieur de la porte, d'une étiquette en carton bordée d'un filet rouge, indiquant : 1º le numéro du bataillon, des compagnies et escadrons, 2º le mot *école*, 3º le nom du moniteur général et des moniteurs particuliers; à l'intérieur de la porte, de l'inventaire, sur carton, du mobilier de l'école. L'art. 128 du règlement est affiché, sur carton, à l'intérieur de l'école et lu une fois par mois aux élèves.

CHAPITRE VI.

Tenues de service et de ville.

ART. 129.

1º Les officiers de service sont constamment dans la même tenue que leur troupe, soit sous les armes, soit pour les rondes. Les officiers montés sont toujours à cheval pour tout service extérieur; ils ont le harnachement d'ordonnance et sont escortés par un cavalier marchant à dix pas derrière eux. Toutefois, les lieutenants de cavalerie sont autorisés à faire leurs rondes de postes à pied, en tenue du jour : chapeau et épée; ils sont dans la même tenue pour monter la garde, pour le pansage du soir et pour le piquet des casernes ; pour ce dernier service, ils doivent se tenir prêts à monter à cheval. Pour le pansage du matin, la promenade des chevaux, la distribution des fourrages, les exercices du matin et la parade, ils sont en capote, bonnet de police, sabre et ceinturon noir; lorsque la grosse botte est prise pour la manœuvre, les officiers sont dans la même tenue que la troupe, le surtout est substitué à la capote. Pour les exercices du matin, les officiers d'infanterie sont en capote sans épaulettes, bonnet de police, épée sans dragonne ; pour les exercices généraux, hors des casernes, les officiers sont dans la même tenue que la troupe.

2° Pour le service intérieur des casernes, la tenue journalière des officiers des deux armes, en hiver, est en capote, chapeau et épée. L'été, la capote est remplacée par le surtout. Les dimanches et fêtes, les officiers sont dans la même tenue que la troupe pour tout le service et les revues du colonel et officiers supérieurs.

3° Lorsque le corps d'officiers est convoqué en uniforme, la tenue est celle du jour, à moins d'ordre contraire ; il en est de même pour les réunions des conseils de discipline, d'enquête, d'administration en tenue, de jury d'examen, etc. Pour les visites de corps, les officiers sont dans la grande tenue de service de leur arme.

4° Pour les réceptions ou invitations chez l'empereur, les officiers sont en grande tenue de ville, habit, pantalon de drap en hiver, et de coutil blanc en été, chapeau et épée, gants blancs.

5° Pour les réceptions chez le ministre de la guerre et autres autorités, les officiers sont en surtout, pantalon de drap en hiver, pantalon de coutil blanc en été, chapeau et épée, gants blancs.

6° La coupe des effets d'habillement des officiers doit être en tout conforme à celle de la troupe. Ils ne peuvent porter, dans le service, que les insignes et armes déterminés par les modèles réglementaires.

7° Les militaires décorés portent la décoration d'ordonnance, en petite et en grande tenue, pour toutes les revues et services extérieurs. Les décorations d'un module plus petit que celui d'ordonnance ne sont tolérées que pour le service intérieur des casernes. Le ruban n'est porté qu'avec la capote et le bonnet de police, en tenue du matin.

8° Le capitaine commandant, le chef d'escadron, dans sa compagnie, bataillon ou escadrons, est responsable de la tenue de ses officiers, sous-officiers et gardes, et des infractions qui s'y commettraient ; les lieutenants-colonels surveillent, avec la plus grande sévérité, la tenue des officiers et de la troupe ; ils suppriment tout effet qui ne serait pas conforme aux modèles réglementaires.

Art. 130.

Tenue du service de ville en hiver (cavalerie).

1° La petite tenue de service, en hiver, est en casque, surtout, hongroise bleue, grosses bottes, giberne et sabre en ceinturon, petits gants, pour le service à cheval. Pour le service à pied, la tenue est la même, excepté que les cavaliers ont le pantalon large sur la petite botte, giberne, et le ceinturon en sautoir avec le porte-baïonnette.

La petite tenue de ville est en surtout, pantalon large de drap, chapeau, ceinturon en sautoir. Les sous-officiers de cavalerie portent la capote, chapeau et épée, comme ceux d'infanterie, pour la tenue de ville et le service intérieur de la caserne.

2° La grande tenue de service d'hiver est en habit, casque, hongroise de tricot blanc, grosses bottes, giberne, sabre en ceinturon, gants crispin, pour le service à cheval. Pour le service à pied, la tenue est la même, excepté que les cavaliers ont pantalon bleu large sur la petite botte, giberne, ceinturon en sautoir avec le porte-baïonnette et le petit gant ; toutefois, pour les revues à pied en pantalon blanc et grosses bottes, les cavaliers prennent le gant crispin.

La grande tenue de ville est en habit, pantalon bleu large, chapeau, ceinturon en sautoir.

3° Pour la promenade des chevaux, la tenue des brigadiers et cavaliers est en pantalon de treillis, petites bottes, veste et bonnet de police. Lorsque la rigueur de la saison le rend nécessaire, le pantalon de treillis est mis par dessus le pantalon de drap ; les sous-officiers sont en surtout, bonnet de police. *Tenue pour la promenade des chevaux et distributions de fourrage.*

Pour les distributions de fourrages, les sous-officiers, brigadiers et gardes sont dans la tenue prescrite ci-dessus, mais tous sont armés du sabre.

ART. 131.

1° La petite et la grande tenue de service et de ville sont les mêmes en été qu'en hiver. Les sous-officiers de cavalerie prennent le surtout pour la tenue de ville et le service intérieur ; le pantalon de coutil blanc sur la petite botte n'est porté, dans le service à pied et la tenue de ville, que d'après un ordre du colonel. *Tenue de service et de ville en été (cavalerie).*

2° Pour les exercices du matin, à moins d'ordres contraires, les brigadiers et gardes sont en veste, bonnet de police, pantalon de treillis sur la petite botte, giberne et sabre ; les sous-officiers, en surtout, bonnet de police, pantalon de treillis sur la petite botte et sabre.

3° Pour tout service à cheval ou à pied fourni après la retraite, et ne se prolongeant pas au-delà de six heures du matin, les cavaliers sont en surtout, pantalon de drap, excepté pour le service des grandes fêtes.

4° Dans tous les services à cheval, lorsque les cavaliers sont surpris par le mauvais temps, le chef du détachement les fait couvrir du manteau.

ART. 132.

Les changements dans la tenue, en cas de mauvais temps, sont ordonnés par le colonel. L'ordre est transmis, par l'état-major du corps, aux capitaines de police, qui en font prévenir les compagnies et escadrons. *Changements dans la tenue.*

ART. 133.

Les dimanches et fêtes reconnues, le corps prend la grande tenue dès neuf heures du matin, à moins d'ordre contraire. Tous les services partant avant neuf heures du matin sont en grande tenue. *Tenue des dimanches et fêtes.*

ART. 134.

1° La petite tenue de service d'hiver est en schako et giberne couverts, pan- *Tenue de service et de ville en hiver (infanterie).*

talon de drap, capote boutonnée à droite le premier mois, à gauche le second mois, et ainsi de suite.

2° La petite tenue de ville est la même que la précédente, excepté que les gardes portent le chapeau.

3° La grande tenue de service d'hiver est en habit, schako et giberne découverts, pantalon de drap.

4° La grande tenue de ville est la même que la précédente, excepté que les gardes portent le chapeau.

Art. 135.

Tenue de service et de ville en été (infanterie).

1° La petite tenue de service d'été est en surtout, pantalon de drap, schako et giberne couverts.

2° La petite tenue de ville est la même que la précédente, excepté que les gardes portent le chapeau.

3° La grande tenue de service d'été est la même que celle d'hiver, à moins que le colonel ne substitue le pantalon de coutil blanc au pantalon de drap.

4° La grande tenue de ville d'été est la même que celle d'hiver, excepté que les gardes portent le chapeau et qu'ils ont le pantalon de coutil blanc, lorsque l'ordre en est donné.

5° Pour les exercices du matin, les brigadiers et gardes, à moins d'ordres contraires, sont en veste, bonnet de police, pantalon de drap; les sous-officiers, en surtout, bonnet de police.

6° Pour tout service partant des casernes après la retraite, et ne se prolongeant pas au-delà de six heures du matin, la tenue est en capote, pantalon de drap, schako et giberne couverts, excepté cependant pour le service des grandes fêtes.

7° Tous les soirs, pendant le service d'été, la capote des militaires de service dans les postes leur est portée par le porteur de la compagnie; elle est pliée dans un étui de coutil étiqueté au nom de l'homme à qui elle appartient.

Art. 136.

Tenue pour les pansages.

Aux appels des pansages, les brigadiers et gardes sont en veste, bonnet de police, pantalon de treillis ou de drap sous celui de treillis, suivant la saison, chaussettes et sabots; la blouse de pansage n'est mise qu'après l'inspection de l'officier de semaine. Les sous-officiers sont en capote, bonnet de police, au pansage du matin; à celui du soir, ils sont dans la tenue du jour. Le sous-officier de semaine, pour les deux pansages, est en tenue du jour, casque et sabre; le brigadier de semaine est dans la tenue de la troupe.

Les gardes d'écurie sont constamment vêtus de la blouse de pansage.

Art. 137.

Tenue à partir du réveil, pour les deux armes.

1° Depuis le réveil et jusqu'à l'appel du matin, la tenue est en veste et bonnet de police pour les brigadiers et gardes des deux armes, et en bonnet de police, surtout ou capote, suivant la saison, pour les sous-officiers. Après cette heure, la tenue ordonnée pour le jour est de rigueur. Aucun militaire ne peut sortir en tenue du jour, avant l'appel, sans une permission de son capitaine commandant. Tout militaire rentrant au quartier sans être en tenue, après l'heure fixée, est signalé à l'adjudant par le sous-officier de planton. L'adjudant en rend compte au capitaine de police.

2° A l'appel du matin, les sous-officiers, brigadiers et gardes qui ne sont pas de service, sont dans la tenue indiquée ci-dessus ; le maréchal des logis chef, le maréchal des logis et le brigadier de semaine, sont dans la tenue du jour, schako ou casque et sabre.
Tenue pour l'appel du matin.

3° Les militaires de piquet sont dans la tenue de service du jour et armés ; mais si cet appel est fait peu d'instants avant le pansage du matin, les cavaliers de piquet viennent répondre en veste d'écurie, pantalon de tenue et grosses bottes ; dans le cours de la journée, ils sont en tenue de service.
Tenue pour les appels du piquet.

4° Les militaires commandés de corvée pour les distributions, ainsi que pour se rendre au magasin du corps pour l'armement ou l'habillement, sont en veste et bonnet de police.
Tenue des militaires allant en corvée ou au magasin du corps.

5° Tout militaire appelé à déposer devant un conseil de guerre ou en justice, doit s'y présenter en surtout, pantalon de drap, chapeau et sabre.
Tenue des militaires devant un conseil de guerre ou en justice.

6° Pour la prestation de serment, les officiers, sous-officiers, brigadiers et gardes, sont en grande tenue de service, ainsi que les officiers et sous-officiers commandés pour conduire les détachements.
Tenue pour la prestation de serment.

7° Tout militaire qui a versé ses armes comme devant être congédié ne peut sortir du quartier, jusqu'au moment de son départ, sans être dans la tenue du jour. Le sabre d'un militaire absent peut lui être prêté sur l'autorisation du capitaine commandant.
Tenue des militaires congédiés.

8° Les ordonnances des officiers sont autorisées à conserver la tenue du matin jusqu'à midi ; après midi, toute ordonnance rencontrée en ville sans être dans la tenue du jour de son arme, est sévèrement punie. Pour conduire leurs chevaux à la promenade, les ordonnances sont en tenue du matin ; il leur est formellement interdit de les monter, sous tel prétexte que ce soit, en tenue de ville. La promenade des chevaux d'officiers ne peut se prolonger au-delà de midi.
Tenue des ordonnances des officiers.

9° Les sous-officiers et brigadiers qui assistent au rapport du matin sont en tenue du matin, suivant la saison ; au rapport, à une heure, ils sont dans la tenue du jour de leur arme.
Tenue des sous-officiers pour le rapport.

10° Tout commandant de détachement conduit son détachement dans le plus grand ordre et à une allure modérée ; il veille à ce qu'aucun militaire ne quitte les rangs, que les cavaliers surtout marchent botte à botte, observent leurs distances, conservent la position du corps, de la main de la bride et des jambes, qu'ils soient constamment munis de leurs gants. Les cavaliers d'ordonnance portent leurs dépêches au petit trot ; ils ne prennent le grand trot que dans des cas très-urgents ; en aucun cas, ils ne doivent prendre le galop, sans un ordre exprès.
Tenue des détachements en marche.

11° Les détachements commandés pour la Cour d'assises sont toujours en armes.

Les sous-officiers ne font le service en sabre que pour les théâtres ; dans tout autre service et pour les revues et inspections, ils sont armés de leur fusil, à moins d'ordre contraire du colonel.

12° Dans les bals publics et soirées particulières, lorsque le service n'est composé que d'un brigadier et deux gardes, ou de deux gardes seulement, le service est fait en sabre ; dans les théâtres, il est toujours fait en armes, quel que soit le nombre d'hommes.

13° Les cavaliers de garde emportent les pistolets et le mousqueton. Les cavaliers commandés de service les jours de grandes fêtes, les ordonnances chargées de porter les dépêches, ainsi que ceux de patrouille, sont dispensés de prendre le mousqueton ; mais ils conservent les pistolets. Pour les revues et inspections, les cavaliers prennent toutes leurs armes.

Tenue des militaires en ville. 14° Les officiers, sous-officiers et brigadiers, surveillent la tenue des militaires du corps qu'ils rencontrent en ville ; ils doivent punir sévèrement tous ceux qui seraient vêtus d'effets malpropres, qui n'auraient pas de gants ou ne seraient point coiffés militairement, donneraient le bras à des gens ivres, mal vêtus, ou à des filles publiques ; fumeraient dans les rues ou promenades publiques ; enfin, ceux qu'ils rencontreraient vêtus d'effets bourgeois, même étant en permission, dans Paris ou la banlieue.

Art. 138.

Port du chapeau. 1° Le chapeau est porté en colonne ; il est placé perpendiculairement sur la tête, ne penche ni à droite ni à gauche, la cocarde à droite, le milieu de la corne du devant répondant à la ligne du nez.

Du schako ou casque. 2° Le schako ou le casque est placé droit et d'aplomb sur la tête, de manière que le milieu de la visière corresponde à la ligne du nez.

Du bonnet de police. 3° Le bonnet de police, placé de manière à ce que la grenade corresponde à la ligne du nez, incline légèrement à droite, le bord touchant presque le sourcil droit, et éloigné d'environ 3 centimètres du sourcil gauche.

Du sabre. 4° L'infanterie porte le sabre contre la cuisse gauche et à la hanche ; la cavalerie le suspend au crochet.

Cheveux, favoris, moustaches et mouches. 5° Les cheveux sont coupés courts, surtout par derrière ; les favoris ne dépassent pas la hauteur de la bouche et ne doivent pas se joindre aux moustaches. Les moustaches ne sont ni cirées ni graissées ; elles sont rafraîchies lorsque cela est nécessaire. La mouche ne dépasse jamais les proportions suivantes : largeur, 40 millimètres, longueur 100 millimètres.

Art. 139.

Port de l'aiguillette. L'aiguillette est portée à droite de la manière suivante :

Avec l'habit. 1° Le grand cordon est placé à cheval sur le premier bouton, un tiers pour la partie supérieure, deux tiers pour la partie inférieure, sortant au-dessus du deuxième bouton ;

La petite natte, à cheval jusqu'au nœud sur le deuxième bouton, le ferret sortant au-dessous de ce bouton, son extrémité à hauteur du bracelet du milieu du ferret de la grande natte ;

Le petit cordon, passé dans le bras ;

La grande natte, passée dans le bras, est placée à cheval sur le troisième bouton, le ferret sortant au-dessous de ce bouton, son extrémité tombant à hauteur du passe-poil du devant de l'habit.

2° Le grand cordon est placé à cheval sur le premier bouton, comme il est **Avec le surtout.** expliqué pour l'habit, excepté que la partie inférieure du cordon doit sortir au-dessous du deuxième bouton ; la petite natte, à cheval jusqu'au nœud sur le deuxième bouton, est placée entre les deux brins du grand cordon, le ferret sortant au-dessous du deuxième bouton, son extrémité tombant à hauteur du bracelet du milieu du ferret de la grande natte.

Le petit cordon, passé dans le bras ;

La grande natte, passée dans le bras, est placée à cheval sur le troisième bouton, le nœud à environ 6 centimètres du passe-poil du surtout, le ferret sortant au-dessous du troisième bouton, son extrémité tombant à hauteur du septième bouton.

3° Le grand cordon, à cheval sur le premier bouton, comme il est expliqué **Avec la capote.** pour l'habit ;

La petite natte, à cheval jusqu'au nœud sur le deuxième bouton, comme il est expliqué pour l'habit ;

Le petit cordon, passé dans le bras ;

La grande natte, passée dans le bras, est placée à cheval jusqu'au nœud sur le troisième bouton, le ferret sortant au-dessous du troisième bouton, son extrémité tombant à hauteur du sixième bouton.

Art. 140.

1° La giberne est placée de manière que la ligne que présente sa partie supé- **Giberne d'in-**rieure soit horizontale et parallèle à la ligne que forme la partie inférieure du **fanterie ajustée** havresac, le coin de droite de la giberne se trouvant à 7 centimètres du coude **avec le sac et le** droit (le bras étant ployé, la main sur le téton droit). **sabre; son contenu.**

2° Le bouton en buffle destiné à fixer la martingale est placé au milieu du baudrier, la martingale formant une ligne parallèle à celle de la partie supérieure de la giberne, le pommeau du sabre à la hauteur du prolongement formé par la ligne horizontale de la partie supérieure de la giberne.

3° La giberne contient, dans le compartiment de gauche, un paquet de cartouches, enveloppé dans une toile grise portant le numéro matricule du militaire et les initiales G. P. ; à droite de ce paquet, et dans le même compartiment, deux cartouches collées à leurs extrémités et renfermées dans un petit étui en carton.

4° Dans le compartiment du milieu, le nécessaire d'armes, et derrière lui le tire-balle, fixé sur un bouchon.

5° Enfin, dans le compartiment de droite, la brosse à fusil, la pièce grasse en drap, le chiffon, le tampon de cheminée ; les brigadiers y mettent, en outre, le monte-ressort.

6° Le bouchon de fusil n'est toléré que dans les chambrées, et le tampon de cheminée n'est placé que pour les exercices.

Art. 141.

Fourniment et bretelle de fusil.

1° Les buffleteries sont croisées sur la poitrine de manière à laisser apercevoir le premier bouton du surtout ; la charrue est passée sur les piqûres des buffleteries aussitôt après qu'elles ont été blanchies.

2° La partie supérieure de la plaque de sabre arrive sur le jonc de la piqûre du porte-giberne. Lorsque le militaire a le sabre à la hanche, la partie supérieure de la plaque arrive à hauteur du deuxième bouton du surtout.

3° L'épinglette est fixée à demeure à la poche aux capsules. Cette poche est constamment garnie de six capsules de rechange. La poche aux capsules est fixée au porte-giberne.

4° La bretelle de fusil est engagée dans le battant de sous-garde, et bouclée de manière que la partie inférieure de la boucle se trouve à hauteur du bas de la capucine ; le bout de la bretelle est ensuite engagé dans le battant de la grenadière, fortement tendu et fixé, au moyen d'un bouton en cuivre à double face, à 3 centimètres au-dessous du battant de la grenadière. La bretelle est garnie d'une languette en buffle, qui empêche le frottement du bouton en cuivre sur le bois du fusil.

Art. 142.

Paquetage du havresac ; son ajustage.

Les effets sont paquetés dans l'ordre suivant, dans le havresac.

1° Deux chemises roulées de la longueur du sac et très-serrées, un pantalon blanc et un caleçon également pliés de la longueur du sac, deux mouchoirs de poche, un col, la trousse garnie, une paire de gants, une brosse à boutons, une patience placée verticalement, une brosse à habit, un peigne, le livret, placé entre les effets et la partie du sac du côté de la patelette, le bonnet de police sous la patelette. Lorsque l'ordre est donné de placer dans le sac les paquets de cartouches supplémentaires, trois paquets sont placés sur le dessus du sac, au-dessous de la planchette ; les deux autres paquets sont placés dans les petites poches qui existent sous la patelette du sac.

2° La partie supérieure du sac arrive à la hauteur des épaules ; il colle sur le dos, les bretelles bien égales, afin que le sac reste continuellement droit et perpendiculaire ; les contre-sanglons bouclés de manière que le couvercle ou patelette soit tendu également et ne bâille d'aucun côté. La fausse capote ne doit jamais déborder les côtés latéraux du sac ; les courroies qui la maintiennent, serrées de manière à ce qu'elle ne ballotte point, bouclées près du sac, du côté du dos, et introduites dans leurs passants ainsi qu'il suit :

La grande courroie étant bouclée à hauteur de la naissance des bretelles, laisser tomber le bout sur le derrière du havresac.

Les deux petites courroies, après avoir été bouclées à hauteur de la grande, introduire leur bout en dessous des passants, et rouler la partie qui se trouve libre fortement et intérieurement sur elle-même.

Ces deux courroies sont toujours placées à une distance égale de la grande courroie, de manière à partager la fausse capote en quatre parties égales.

3° L'ajustage prescrit par les nᵒˢ 140, 141 et 142, pour l'arme de l'infanterie, est exécuté de la manière suivante :

Les militaires, placés sur un rang et par rang de taille, n'ont que la giberne et le havresac; on s'occupe, dans cette première opération, de déterminer exactement la hauteur du sac et de la giberne, conformément aux art. 140 et 142. La hauteur de la giberne étant déterminée, on passe un trait à l'encre sur l'envers de la buffle-terie, en suivant la ligne supérieure de l'enchappement fixé à la giberne, pour marquer son point.

Pour la seconde opération, les militaires quittent le sac et prennent le sabre et la giberne; le sabre est alors ajusté avec la giberne, conformément à l'art. 140.

La martingale de la giberne est ajustée conformément au même article.

Pour la troisième opération, les militaires quittent la giberne et placent exacte-ment le sabre à la hanche; dans cette position, si les sabres ont été bien ajustés avec les gibernes, la ligne formée par les pommeaux doit être horizontale et s'abais-ser progressivement de la droite à la gauche du rang.

Pour la quatrième opération, les militaires reprennent le sabre, la giberne et le sac; dans cette position, les lignes formées par la partie supérieure des sacs et des gibernes doivent être horizontales et s'abaisser progressivement de la droite à la gauche du rang. C'est dans cette dernière opération que les irrégularités qui au-raient pu échapper dans les premières, sont faciles à remarquer et à rectifier sur-le-champ.

4° Toutes les buffletries qui seraient dans le cas d'être allongées ou raccourcies sont envoyées à l'atelier du maître sellier. Les bretelles de fusil qui sont trop lon-gues sont raccourcies du côté de la boucle (art. 202).

Art. 143.

La capote ne devant pas être roulée sur le sac, en raison des détériorations qui en résulteraient, on se conforme aux dispositions suivantes lorsque l'ordre est donné de la rouler en sautoir :

Manière de rou-ler la capote en sautoir.

1° Retourner les poches, étendre la capote sur une table, la doublure en des-sous ; ajuster les pans de manière qu'ils soient croisés par derrière, de couture à couture;

2° Retrousser les bas de la jupe, de façon à obtenir un pli cintré de 5 à 6 cen-timètres à chaque extrémité ;

3° Plier la partie supérieure à hauteur du dernier bouton des devants en l'a-menant sur la partie inférieure, la doublure en dessus ; étendre les manches de manière que les bouts des parements viennent aboutir vis-à-vis et à environ 19 centimètres de l'angle formé par chacun des coins du grand pli.

4° Se mettre à trois et rouler la capote aussi serrée que possible en partant de la taille ; plier ensuite les deux bouts sur eux-mêmes, à une distance égale d'en-viron 16 centimètres ; les ramener l'un à côté de l'autre en faisant en même temps, avec le talon de la main, une pression au milieu du rouleau ; attacher avec une courroie les deux extrémités à environ 8 centimètres de l'extrémité formée par la réunion des deux bouts ;

5° Passer la tête, ainsi que le bras droit, dans le rouleau, et le placer de manière que son milieu porte sur l'épaule gauche, et que son extrémité soit au-dessus de la hanche droite, la boucle en dedans, le pli du drap dirigé vers la terre.

6° Chaque homme est pourvu d'une petite courroie en cuir verni noir, à boucle en cuivre, pour fixer la capote.

Art. 144.

Giberne de cavalerie ajustée ; son contenu.

1° Le porte-giberne est ajusté de manière à ce que le dessus du coffret se trouve à hauteur du coude droit (le bras étant plié et la main sur le téton gauche), la partie supérieure de la boucle, placée à 10 centimètres environ de la patte du trèfle gauche, le passant de cuivre partageant également la distance entre la partie inférieure de la boucle et de l'agrément, et enfin ce dernier arrivant sur les boutons du porte-giberne et les couvrant exactement ; la martingale mobile en cuir verni, destinée à maintenir le coffret dans une position horizontale, s'attache au bouton gauche de la taille de l'habit.

2° La giberne contient, dans le compartiment de droite, le tire-balle, fixé sur un bouchon et enveloppé d'un petit linge ; deux cartouches de mousqueton et deux de pistolet (ces quatre cartouches sont collées à leurs extrémités et enveloppées dans un papier). Le compartiment de gauche contient un paquet de dix cartouches de pistolet ; ce paquet est enveloppé dans une toile grise portant le numéro matricule du militaire et les initiales G. P. Enfin, la pièce grasse en drap est placée sur les cartouches, afin d'empêcher le ballottage.

3° La poche à capsules, fixée au porte-giberne, contient six capsules de rechange, enveloppées dans un papier.

4° Le paquet de cartouches de mousqueton, ainsi que le nécessaire d'armes, sont placés dans une poche en cuir adaptée dans l'intérieur de la sacoche droite. (Ce paquet est étiqueté et enveloppé comme il est prescrit ci-dessus.)

Art. 145.

Bretelle de mousqueton ; son ajustage.

Elle est repliée en trois doubles ; le bout de la bretelle est engagé dans le battant de sous-garde et bouclé à 6 centimètres au-dessous de la capucine. (Cette mesure est prise à partir de la partie supérieure de la boucle à la partie inférieure de l'anneau du battant de sous-garde.) Le bout de la bretelle est engagé ensuite en dessous de la boucle, fortement tendu et fixé par un bouton à double face, en cuivre, au-dessous de la sous-garde.

Art. 146.

Ceinturon de cavalerie.

1° Les sous-officiers, brigadiers et gardes, portent le ceinturon en sautoir ou en ceinture, selon que le service est fait à pied ou à cheval.

2° Dans le premier cas, le ceinturon est engagé sous la patte du trèfle droit, le porte-giberne est placé de la même manière, en sens inverse et par dessus le ceinturon. Ces deux buffleteries se trouvent alors croisées sur la poitrine de manière à laisser paraître le premier bouton du surtout et à faire arriver la plaque immédiatement sur le jonc de la piqûre du porte-giberne. L'anneau inférieur de la pièce dite *entre-deux* est placée à la hauteur de la hanche gauche. Lorsque le porte-baïonnette est adapté au ceinturon, la baïonnette est maintenue perpendiculairement un peu en arrière de la couture du pantalon, sans que la douille soit engagée sous la basque de l'habit.

3° Dans le second cas, le ceinturon, placé horizontalement au-dessus des hanches, et soutenu dans cette position par la bretelle porte-sabre, ne laisse apercevoir, en dehors du surtout, que la moitié de la plaque.

Art. 147.

1° Les effets qui doivent entrer dans le portemanteau sont :

Le pantalon bleu large, un pantalon de coutil blanc et celui de treillis, deux chemises, un col, les gants, la trousse, deux mouchoirs, deux serre-tête, deux paires de chaussettes ; la veste d'écurie, sous la patte du portemanteau, ainsi que le bonnet de police ; le livret, dans le couvercle du portemanteau. En cas d'insuffisance de ces effets, on complète le paquetage par le second pantalon de coutil blanc et une autre chemise. *Portemanteau ; son paquetage.*

2° Les pantalons, rétournés, pliés sur eux-mêmes de la largeur du portemanteau, sont bien étendus dans le fond, dans l'ordre désigné ci-dessus ; les autres effets ou objets sont placés et répartis également dans le portemanteau et dans les bouts ; la patience, qui est de la longueur du devant du surtout, est placée par dessus les effets, pour maintenir la charge droite.

Art. 148.

1° Ramener les deux côtés l'un sur l'autre, les doublures en dehors, faisant sortir le grand collet de l'intérieur le long du petit collet ; l'étendre sur une table, ramener le petit collet sur la doublure en faisant un pli sur toute la hauteur du manteau, ramener le bas sur le haut, ajuster ces deux plis de manière que le manteau se trouve plus long d'environ 5 centimètres que le portemanteau. *Manière de plier le manteau.*

2° Plier les doublures l'une sur l'autre, de manière qu'elles forment portefeuille ; ramener en même temps le grand collet, l'étendre par plis à peu près égaux sur la longueur que l'on donne à son manteau, ramener le bas en le pliant en quatre ou cinq parties, que l'on aplatit et que l'on fait entrer dans le premier pli, dit *portefeuille*, formé par la doublure ; frapper le manteau avec les deux mains et ajuster les plis de côtés.

Art. 149.

1° Étendre les courroies sur la croupe du cheval, plaçant en croix celles de côté et celle du milieu par dessus ; placer le portemanteau sur le coussinet, de manière que le devant relève de 3 centimètres, boucler la courroie du milieu, la serrer fortement pour bien fixer le portemanteau à la selle, et placer la boucle de manière que le rouleau se trouve sur la couture de la pattelette et à hauteur des angles supérieurs et extérieurs du portemanteau, et engager de nouveau son extrémité dans son passant coulant (cette courroie doit partager le portemanteau *Portemanteau et manteau ; manière de les charger sur le cheval.*

en deux parties égales); le fixer ensuite avec les courroies de côté qui doivent être placées à une distance égale de celles du milieu, les rouleaux de ces boucles ajustés sur celui de la courroie du milieu.

2° Placer le manteau sur le portemanteau, et en arrière d'environ 5 centimètres; l'y assujettir avec les deux courroies de côté, après s'être assuré que le manteau est bien également placé dessus; les rouleaux des boucles doivent se trouver à hauteur du bord extérieur de la doublure, et les courroies avoir deux trous de libres entre les deux rouleaux; introduire le bout des courroies dans leurs passants, les tirer de manière qu'elles soient sur leur plat, et les engager ensuite en dedans des courroies et de la charge; les courroies de côté doivent être espacées, de manière à partager le manteau en trois parties égales.

Art. 150.

Inspection du dimanche.

1° Tous les dimanches, à huit heures du matin, à moins de revue par le colonel ou les officiers supérieurs, les compagnies et escadrons sont inspectés partiellement, par leur capitaine commandant, dans une tenue différente, d'après la série déterminée ci-après :

Pour l'infanterie...
N° 1. Grande tenue, avec armes, sac au dos, fausse capote sur le sac;
N° 2. Surtout, schako découvert et sabre;
N° 3. Capote, chapeau, veste sur le bras.

Pour la cavalerie...
N° 1. A cheval, grande tenue, casque, sabre, grosses bottes, hongroise bleue, gants crispins;
N° 2. A pied, tenue de théâtre, mousqueton et sabre;
N° 3. A pied, surtout, chapeau, manteau déployé sur le bras.

2° Les officiers assistent à cette inspection en surtout, chapeau et épée, lorsque la troupe est en tenue nᵒˢ 2 et 3; mais lorsque la troupe est en tenue n° 1, ils sont dans la tenue de la troupe. (En cas de mauvais temps, cette inspection est remplacée par une revue de chambres.) Pour cette revue, la troupe est dans la tenue ordonnée pour le jour; l'attention des capitaines se porte particulièrement sur l'entretien des chapeaux.

CHAPITRE VII.

Punitions, réclamations, permissions, demandes diverses, enquêtes

Art. 151.

Punitions; comment infligées.

1° Les punitions sont proportionnées non seulement aux fautes, mais encore à la conduite habituelle du militaire, au temps de service qu'il a accompli, et enfin à la connaissance qu'il a des règles de la discipline et du service spécial du corps.

2° Le capitaine peut, dans sa compagnie, augmenter les punitions infligées par ses subordonnés; mais il ne peut, en aucun cas, les changer de nature ni les diminuer ; lorsque le capitaine juge qu'il y a lieu de diminuer une punition ou d'en changer la nature, il en fait la demande au colonel sur sa situation journalière.

3° Les médecins du corps peuvent infliger la consigne ou la salle de police aux sous-officiers, brigadiers et gardes. Ils en rendent compte au lieutenant-colonel de l'arme, qui, sur leur demande, fixe la durée de la punition, et la fait porter au rapport.

4° On se conforme, pour la durée des punitions, au règlement du 2 novembre 1833 sur le service intérieur des troupes à pied et à cheval.

5° Toute punition est portée sur la situation journalière ; elle cesse de droit au terme de son expiration, sans qu'il soit nécessaire d'en demander la levée.

6° Les lieutenants-colonels informent le colonel , par écrit, des motifs et de la durée des punitions infligées aux officiers de leur arme.

Art. 152.

1° Tout militaire sous le coup d'une punition ne peut obtenir aucune permission pendant la semaine dans laquelle il termine sa punition ; pendant la durée de sa punition, tout changement de tour de service lui est interdit , ainsi que la sortie de la caserne et l'entrée dans les cantines ; en cas d'infraction à cette défense, il est puni sévèrement.

Militaire sous le coup d'une punition.

2° Le brigadier puni de salle de police, prison de corps, ou prison à la maison de justice militaire, subit une retenue journalière de 30 centimes sur sa solde, pendant toute la durée de sa punition, au profit de l'ordinaire ; pour le simple garde qui subit les mêmes punitions, la retenue par journée de punition est fixée à 20 centimes.

Retenues aux militaire punis.

3° Tout militaire puni pour ivresse ou pour avoir découché est, en outre, privé de service salarié et de toute permission ; la première fois pour un mois, la deuxième fois pour deux mois, la troisième fois pour trois mois.

Privation du service salarié.

4° Lorsqu'un militaire s'est mis dans le cas de subir une détention disciplinaire à la maison de justice militaire, le capitaine commandant adresse au colonel, par la voie hiérarchique, un rapport circonstancié sur la faute commise par ce militaire ; il y joint un état de renseignements du modèle prescrit par l'état-major de la place, ainsi que le relevé des punitions.

Art. 153.

Lorsqu'un militaire pris de vin rentre à la caserne sans faire aucun bruit, on lui laisse la faculté de se coucher sans lui adresser de reproches. S'il fait du tapage , on le fait saisir par ses camarades, qui le conduisent soit à sa chambre ou à la salle de police , sous la surveillance d'un sous-officier, qui évite d'intervenir ostensiblement dans cette occasion.

Militaires pris de vin.

Le lendemain, le capitaine commandant met en usage les réprimandes et punitions nécessaires pour corriger ses habitudes vicieuses , et le prévient qu'à la troisième punition pour ivresse, il sera renvoyé du corps.

Si un militaire ivre est rencontré en ville par son chef, et que l'intervention de celui-ci devienne nécessaire , il doit se tenir, autant que possible , à distance du soldat ivre, pour ne pas s'exposer à être frappé, et pouvoir cependant surveiller l'exécution des ordres qu'il serait dans le cas de donner.

Art. 154.

Maladie syphilitique ou cutanée.

1° Tout militaire atteint d'une affection vénérienne ou cutanée doit immédiatement en faire la déclaration au médecin de la caserne. Il n'encourt alors aucune punition. Si, au contraire, il n'en fait point la déclaration, et qu'il soit reconnu que la maladie remonte à plusieurs jours, il est envoyé à l'hôpital, et puni de quinze jours de consigne à sa sortie de l'hôpital.

2° Tout supérieur qui sait qu'un de ses subordonnés est atteint de syphilis ou maladie cutanée, le signale au médecin ou au capitaine commandant.

Art. 155.

Surveillance à l'égard des nouveaux admis.

1° Le capitaine commandant doit apporter et faire apporter, par les officiers et sous-officiers sous ses ordres, une grande surveillance sur les nouveaux admis, sous le rapport de l'intelligence, de l'aptitude et des habitudes, afin de pouvoir provoquer le renvoi dans leur ancien corps de ceux qui n'offrent pas la garantie d'une bonne conduite et d'un bon service pour le corps. Le lendemain de leur arrivée, ces militaires sont envoyés, à huit heures du matin, au bureau du major, sous la conduite d'un brigadier, pour être visités par le médecin-major.

Ils remettent ensuite au secrétaire du major toutes leurs pièces, ainsi que leur certificat de visite de santé, et sont présentés au colonel par le chef d'escadrons major à l'heure du rapport, avec leur relevé de punitions.

2° Les fourriers reçoivent des bureaux du trésorier, tous les samedis, après le rapport, le folio matricule des hommes admis pendant le courant de la semaine. (Voir, pour l'habillement, l'art. 184; pour l'armement, l'art. 198; pour l'instruction, les art. 121 et 128.)

Art. 156.

Enquête sur la conduite d'un militaire du corps.

1° Aussitôt qu'une enquête est ordonnée par le colonel, ou prescrite d'office par le capitaine commandant, cette enquête est faite par l'officier du peloton ou de la section dont le militaire fait partie.

2° L'officier prend, auprès des personnes intéressées ou des témoins, tous les renseignements propres à éclairer le colonel sur la faute commise par le militaire dont il est chargé de vérifier la conduite. Cet officier dresse un rapport circonstancié qu'il remet à son capitaine, qui le fait parvenir au colonel par la voie hiérarchique, après y avoir consigné lui-même ses propres observations sur la conduite habituelle et la manière de servir du militaire; le relevé de punitions est joint au rapport.

3° Lorsqu'un militaire, par ses habitudes d'ivrognerie ou pour tout autre cause notoire d'inconduite, se rend indigne de figurer dans le corps, s'il est tenu au service, le capitaine commandant adresse une plainte au colonel, conformément à l'art. 157 de la présente instruction.

4° Si ce militaire n'est pas tenu au service, le capitaine adresse au colonel, par la voie hiérarchique, un rapport concluant à ce qu'il soit proposé pour un congé de réforme; il joint à ce rapport, en simple expédition, l'extrait de compte, le relevé de service et des punitions du militaire, ainsi que l'état de renseignements du modèle adopté par le corps.

5° Dans certains cas, les adjudants-majors sont chargés, par le colonel, des enquêtes concernant les militaires de leur bataillon ou escadrons.

Art. 157.

Lorsqu'un militaire s'est mis dans le cas d'être traduit devant un conseil de discipline ou d'enquête, le capitaine commandant adresse au colonel, par la voie hiérarchique, une plainte à laquelle il joint l'enquête faite à l'égard du militaire, et, en outre, en double expédition, son relevé de compte, de punitions et de services.

Conseil de discipline et d'enquête.

Art. 158.

Lorsqu'un militaire se met dans le cas d'être traduit devant un conseil de guerre, le capitaine commandant adresse au colonel, par la voie hiérarchique, un rapport motivé sur les faits dont il s'est rendu coupable ; il indique les témoins de ces faits par leur nom, prénoms, grades ou profession ; il joint à ce rapport, en double expédition, le relevé de compte, de punitions et de services du militaire, et, si c'est un cas de désertion et que le militaire soit débiteur envers la caisse, il y joint, en outre, un état des effets qu'il a emportés et de ceux qu'il aurait dissipés.

Conseil de guerre.

Le chef d'escadrons et le lieutenant-colonel prennent connaissance de ces pièces et les transmettent au colonel, sans apostille.

Art. 159.

Toute réclamation est adressée par la voie hiérarchique pour arriver au colonel. Il n'est permis à aucun militaire du corps de s'écarter de cette règle qu'en cas de déni de justice. Toute réclamation qui n'est pas reconnue fondée en droit et en principe entraîne une augmentation de punition. Lorsqu'un militaire se présente devant un de ses supérieurs pour lui adresser une réclamation, il se découvre, prend la position militaire, s'exprime avec calme et en termes respectueux. Dans aucun cas, les réclamations ne peuvent être collectives.

Réclamations.

Art. 160.

Les officiers de tous grades se conforment aux dispositions suivantes, lorsqu'ils sont dans l'intention de former une demande pour contracter mariage (circulaires ministérielles du 17 décembre 1843 et 21 août 1852).

Demande de mariage des officiers.

1° La future doit apporter en dot un revenu non viager de 1,200 fr. au moins, suffisamment garanti contre toute éventualité de réduction ou de perte, surtout si l'officier est lui-même dépourvu de fortune.

2° La demande doit être adressée au ministre de la guerre et transmise au colonel par la voie hiérarchique ; elle doit être accompagnée d'un certificat délivré par le maire du domicile de la future, approuvé par le sous-préfet de l'arrondissement, constatant l'état des parents de la future, le sien, la réputation dont elle jouit, ainsi que sa famille ; le montant et la nature de la dot qu'elle doit recevoir, et la fortune à laquelle elle peut prétendre.

3° D'un extrait du projet de contrat de mariage constatant l'apport de la future.

4° Dans le courant du mois de la célébration du mariage, l'officier fait parvenir au ministre, par la voie hiérarchique, un extrait du contrat de mariage, en ce qui concerne l'apport de sa femme, délivré et signé par le notaire dépositaire de l'acte.

5° Les permissions de mariage ne sont valables que pendant six mois, sauf au titulaire à en demander le renouvellement, s'il y a lieu, par la voie déjà indiquée. Cette dernière demande indique les rectifications que doivent subir les premiers renseignements fournis, et dont, suivant la nature, il est justifié dans la forme voulue,

6° Les officiers qui contreviennent aux dispositions ci-dessus ou qui produisent sciemment des pièces dont l'énoncé serait reconnu inexact, encourent une peine sévère, conformément à la législation en vigueur.

7° Le colonel, en transmettant une demande de mariage, donne son avis motivé sur la moralité de la future, sur la constitution de sa dot et sur la convenance de l'union projetée, d'après les renseignements qu'il doit recueillir lui-même, si la future est domiciliée dans le ressort de son commandement; dans le cas contraire, il provoque ces renseignements de la part du chef de légion à laquelle ressortira le département dans lequel la future est domiciliée (circulaire du 7 janvier 1844).

Art. 161.

Demande de mariage des s.-officiers et gardes.

1° La demande de mariage des sous-officiers, brigadiers et gardes, est adressée, par la voie hiérarchique, au conseil d'administration, qui la soumet à l'approbation du colonel; l'autorisation de mariage n'est accordée qu'autant que le militaire a sa masse complète, qu'il est pourvu de bons effets, convenablement monté, qu'il n'a point de dettes, et que le mariage qu'il projette ait pour résultat d'améliorer sa position. Le montant de la dot de la future doit être de 3,000 fr. au moins.

2° Aussitôt que le capitaine commandant a reçu la demande de mariage de l'un de ses subordonnés, il fait procéder, par le lieutenant de peloton ou de section, à une enquête sur la moralité de la future et de sa famille, sur son état et sur la réalité de sa dot; cet officier rend compte de sa mission par un rapport qu'il adresse à son capitaine.

3° D'après ces renseignements, le capitaine commandant émet, sur la demande, son avis motivé sur l'avantage ou le désavantage de l'union projetée, et la transmet en y joignant les pièces suivantes :

Le rapport de l'officier de section ou peloton ;

Les actes de naissance des futurs époux ;

Le consentement, par devant notaire, des pères et mères des deux parties, ou leur acte de décès ;

Un certificat, délivré par le maire de la commune ou par le commissaire de police du quartier, constatant l'état de la future, sa moralité et celle de sa famille;

Un bordereau des titres de propriété déposés entre les mains du capitaine, ou un acte notarié constatant l'apport de la future et ses espérances de fortune pour l'avenir (les titres de propriété sont remis au titulaire aussitôt la célébration du mariage) ;

L'extrait de compte ouvert du militaire et son relevé de punitions.

4° Dans les huit jours qui suivent la célébration du mariage, le militaire remet. à son capitaine, qui l'adresse au major, un certificat de l'officier civil constatant que le mariage a été célébré.

5° Toute autorisation de mariage qui n'a pas reçu son exécution dans le délai de deux mois est retournée au colonel.

6° Tout militaire qui contracte mariage, sans en avoir obtenu l'autorisation, encourt la réforme ; et, dans le cas où il viendrait à décéder, sa veuve perd ses droits à la pension de retraite.

<h3 style="text-align:center">ART. 162.</h3>

1° La demande de secours d'urgence est faite sur modèle imprimé, adopté par le corps ; elle est accompagnée du relevé de punitions du militaire, adressée au conseil d'administration et transmise par la voie hiérarchique ; elle indique, en marge, l'état de la masse du militaire, s'il est marié ou veuf, le nombre d'enfants à sa charge et leur âge ; si la demande a pour cause une maladie du militaire, de sa femme ou de ses enfants, cette maladie est constatée par un certificat délivré par le médecin de la caserne ; si la demande est faite par un militaire nécessiteux, le capitaine commandant certifie l'exactitude des faits énoncés dans la demande et donne, en apostille, son opinion sur la moralité du demandeur.

Demande de secours d'urgence.

2° Le conseil d'administration propose au colonel d'accorder, s'il y a lieu, le secours demandé.

<h3 style="text-align:center">ART. 163.</h3>

1° La demande de démission ou de congé de libération du service de l'armée est faite sur modèle imprimé adopté par le corps, adressée au ministre de la guerre, et transmise au colonel par la voie hiérarchique. (Voir art. 205, 213, 214.)

Demande de démission ou de congé de libération de service.

2° Les militaires pourvus d'un titre de libération définitive du service de l'armée avant leur admission au corps, et qui ne redoivent rien à la caisse, peuvent donner leur démission au moment de l'inspection générale. Les démissions ne peuvent être adressées par les militaires, dans le courant d'une inspection à l'autre, que pour des motifs urgents, dûment justifiés par un certificat délivré par le maire de leur commune, et, pour ceux nés à Paris, par le commissaire de police de leur quartier. La démission est accompagnée du relevé des punitions et de l'extrait de compte du militaire. Elle est libellée de la manière suivante :

« Je soussigné (*indiquer les nom, prénoms et grade*), offre ma démission du grade
« et de l'emploi qui m'ont été conférés dans l'armée et dans la garde de Paris ;
« je déclare, en conséquence, renoncer volontairement à tous les droits acquis
« par mes services, et demande à me retirer dans mes foyers à . . . . arron-
« dissement de . . . . département de

(Signature.)

3° Les militaires tenus au service au moment de leur admission au corps, mais qui ont complété le temps de service exigé par la loi, et qui désirent se retirer du service, peuvent adresser une demande pour obtenir un congé de libération définitive du service, en se conformant aux dispositions du premier paragraphe. Cette demande est libellée de la manière suivante :

« Je soussigné (*indiquer les nom, prénoms et grade*), expose qu'ayant accompli
« le temps de service exigé par la loi, je désire obtenir un congé de libération
« définitive du service, pour me retirer dans mes foyers à . . . . arrondisse-
« ment de . . . . département de

(*Signature.*)

4° Tout militaire qui, ayant donné sa démission, quitte le corps sans attendre
la décision du ministre, est signalé et poursuivi comme déserteur, après le délai
réglementaire,

5° Tout militaire en instance de démission, qui commet une faute grave ou qui
se livre à l'ivrognerie, est signalé immédiatement au ministre de la guerre pour le
retrait du certificat de bonne conduite auquel il peut avoir droit, et pour l'échange
de sa démission contre un congé de réforme.

6° Tout militaire qui quitte le corps pour remplacer ne peut y être réadmis
qu'après trois ans de service dans l'armée. (Décision ministérielle du 17 février
1843.)

7° Tout cavalier qui quitte le corps par démission, congé ou retraite, ne peut,
quand bien même il ne redevrait rien à la caisse du corps, disposer de son cheval
sans le consentement du conseil d'administration, qui, s'il le reconnaît propre à
faire encore un bon service, a le droit de le retenir ; toutefois, en cas de contesta-
tion sur le prix, le conseil le fait estimer contradictoirement par un vétérinaire
délégué par le cavalier ; les chevaux des militaires décédés peuvent être retenus
aux mêmes conditions par le conseil.

ART. 164.

Demande de changement de corps ou d'arme.

1° La demande de changement de corps est adressée au ministre de la guerre
et transmise au colonel par la voie hiérarchique ; elle est accompagnée de l'adhé-
sion du chef du corps dans lequel le militaire désire passer, du relevé de punitions et d'un extrait de compte. Le militaire qui sollicite un changement de corps,
s'il est débiteur envers la caisse, doit préalablement acquitter son débet.

2° La demande pour passer de la cavalerie dans l'infanterie, et vice-versa, est
adressée au ministre de la guerre et transmise au colonel par la voie hiérarchique ;
elle est accompagnée du relevé de punitions et de l'extrait de compte. Les militaires qui demandent à passer de l'infanterie dans la cavalerie sont examinés par
le lieutenant-colonel de cavalerie, qui constate par apostille, sur leur demande,
s'ils réunissent l'aptitude et l'instruction nécessaires pour y faire un bon service.
(Voir art. 205, 213, 214.)

ART. 165.

Demande de congé de convalescence.

1° La demande de congé de convalescence est adressée au ministre de la guerre ;
elle est établie sur modèle imprimé adopté par le corps, et transmise au colonel
par la voie hiérarchique.

2° Elle est accompagnée des certificats de visite et de contre-visite délivrés par
les officiers de santé. Ces certificats parviennent au conseil d'administration par
la voie du sous-intendant militaire.

Art. 166.

1° La demande de changement de compagnie ou d'escadron est adressée au colonel et n'est accordée que pour des motifs sérieux; les capitaines commandants transmettent ces demandes au colonel, par la voie hiérarchique, le 15 du dernier mois de chaque trimestre; elles sont accompagnées du relevé de punitions.

2° Le militaire qui désire obtenir ce changement doit faire constater, en marge de sa demande, le consentement de son capitaine et celui du capitaine sous les ordres duquel il sollicite d'être placé. (Voir art. 205, 213, 214.)

Art. 167.

1° Lorsqu'un militaire éprouve, dans l'exercice de ses fonctions, une perte ou une détérioration d'effets d'ordonnance, il se conforme aux dispositions suivantes :

2° Il dresse un procès-verbal constatant la nature de la perte ou de la détérioration de l'effet, indiquant le jour, l'heure, et dans quel service elle a eu lieu ; il fait certifier immédiatement ce procès-verbal par le chef de son détachement et par son capitaine.

3° Le capitaine commandant soumet, dans le délai de cinq jours, ce procès-verbal au visa du sous-intendant militaire, qui peut exiger la représentation de l'effet détérioré. Le capitaine fait dresser ensuite un état de proposition d'indemnité sur le fonds d'entretien et de remonte, conformément au modèle adopté par le corps.

4° Ces deux pièces sont jointes à la demande d'indemnité formée par le militaire et adressées, par la voie hiérarchique, au conseil d'administration ; cette demande est faite sur modèle à marge imprimée, indiquant l'état de la masse du militaire, le millésime et le trimestre dans lequel l'effet a été délivré par le magasin du corps.

5° Le lundi suivant, à une heure de relevée, conformément à l'art. 180 de l'instruction municipale, l'effet dont la détérioration a été ainsi constatée est apporté par la partie intéressée, munie de son livret, au magasin du corps, et soumis par le major à l'appréciation de la commission d'habillement, qui fixe l'indemnité à proposer.

6° Le capitaine commandant consulte, pour plus ample informé, les art. 24, 25, 26 et 27, de la circulaire ministérielle du 15 juillet 1835, qui fixe les bases de ces sortes d'indemnités.

Art. 168.

1° Toutes les demandes doivent, suivant leur nature, parvenir au colonel ou au conseil d'administration, par la voie hiérarchique, sous enveloppe non cachetée, avec deux bandes en croix, l'une à l'adresse du lieutenant-colonel, l'autre à l'adresse du chef d'escadrons.

2° Toute demande doit être écrite de la main du militaire en instance, et à mi-marge, pour recevoir l'apostille du capitaine, chef d'escadrons et du lieutenant-colonel ; elle porte en tête le titre de l'autorité qui doit statuer.

3° Le capitaine, le chef d'escadrons et le lieutenant-colonel, dans les apostilles qu'ils mettent sur les demandes qui leur sont transmises, doivent exprimer leur opinion sur l'opportunité de ces demandes.

Art. 169.

Demandes collectives.

Chaque fois que plusieurs militaires se trouvent dans le cas d'adresser la même demande, elle est faite en autant d'expéditions qu'il y a d'intéressés. Toute demande collective est formellement interdite.

Art. 170.

Militaire entrant à l'hôpital étant en congé.

Les militaires en congé ou permission, qui, pour cause de santé, entrent dans les hôpitaux civils ou militaires et dépassent le terme fixé pour l'expiration de leur congé ou permission, doivent, sous peine de perdre leur droit à tout rappel de solde, justifier des causes de leur séjour forcé dans ces établissements, par des certificats de médecins de ces hôpitaux, et par une attestation de l'officier de gendarmerie de la localité (art. 39 du règlement du 21 novembre 1823).

Art. 171.

Demandes adressées aux différentes autorités.

Il est interdit de la manière la plus expresse, à tout militaire, d'adresser directement, aux diverses autorités civiles ou militaires, des demandes tendant à obtenir des secours ou récompenses ; ces demandes, accompagnées du relevé de punitions du militaire, sont transmises, par la voie hiérarchique, au colonel, par le capitaine commandant, qui indique en marge les causes qui peuvent les motiver et son opinion sur leur opportunité.

Art. 172.

Permissions des officiers.

1° Tout officier qui désire obtenir une permission de vingt-quatre ou quarante-huit heures, s'adresse à son capitaine, qui en fait la demande au colonel sur sa situation journalière.

2° Pour toute permission au-dessus de quarante-huit heures et jusqu'à huit jours inclusivement, l'officier en fait la demande par écrit au colonel, et la transmet par la voie hiérarchique. Le modèle imprimé de permission est joint à la demande. L'officier en permission de un à huit jours n'est dispensé d'aucun service ; ses tours de service lui sont rappelés à son retour ; il se présente, en outre, à son capitaine.

3° Les permissions qui excèdent huit jours sont demandées au ministre de la guerre et transmises au colonel par la voie hiérarchique. A sa rentrée d'une permission de plus de huit jours, l'officier se présente à son capitaine et au colonel. (Voir art. 219.)

4° Le capitaine commandant rend compte à son chef d'escadrons des permissions accordées à ses officiers ou à lui-même ; le chef d'escadrons en informe le lieutenant-colonel. Le même compte est rendu au retour des officiers.

Art. 173.

1° Les permissions sont accordées, dans la proportion suivante, aux sous-officiers, brigadiers et gardes, avec défense d'en dépasser le chiffre :

	De 4 heures (pour l'infanterie).	De minuit.	De 1 à 8 jours.
Aux sous-officiers des deux armes.	1	1	1
Aux brigadiers des deux armes.	2	2	1
Aux gardes d'infanterie	8	6	2
Aux gardes de cavalerie.		8	3

Fixation du nombre de permissions à accorder dans les compagnies et escadrons.

2° Il ne peut y avoir à la fois que deux sous-officiers, brigadiers ou gardes par compagnie ou escadron, en permission ou congé de plus de huit jours. Les congés de convalescence sont en dehors de cette fixation.

3° Les permissions d'un à huit jours font nombre avec celles de minuit, c'est-à-dire que, s'il y a deux gardes en permission d'un à huit jours, il ne leur est accordé que quatre permissions de minuit.

4° Les brigadiers fonctionnaires maréchaux des logis, les brigadiers instructeurs, les moniteurs particuliers des écoles, les secrétaires, du colonel, du major, du trésorier, de l'officier d'habillement, les maréchaux ferrants et aides maréchaux, jouissent de la permission de l'appel du soir, comme les sous-officiers. Mais cette permission leur est retirée s'ils ne se présentent pas exactement à l'heure fixée pour la rentrée des sous-officiers ; mention de ce retrait est faite sur la situation journalière. Les moniteurs généraux des écoles jouissent de la permission de minuit.

Art. 174.

1° La permission de l'appel de neuf heures un quart du matin (infanterie) et du pansage de deux heures, n'est accordée que par l'officier de semaine et pour des cas extrêmement urgents.

Permission de l'appel de 9 h. 1/4 du matin et des pansages.

Les cavaliers qui obtiennent la permission du pansage doivent s'arranger de gré à gré avec leurs camarades pour faire panser leurs chevaux.

2° La permission de l'appel de quatre heures, pour l'infanterie, est accordée, aux sous-officiers et brigadiers, par le maréchal des logis chef, et, aux gardes, par le maréchal des logis de semaine ; ils en rendent compte au lieutenant de semaine, qui veille à ce que le nombre fixé ne soit point dépassé.

Permission de quatre heures.

3° Pour la permission de minuit, de vingt-quatre ou de quarante-huit heures, les sous-officiers et gardes s'adressent au maréchal des logis chef ; celui-ci en informe le capitaine commandant qui, d'après la conduite de ceux qui la sollicitent, juge s'il doit l'accorder ou la refuser.

Permission de minuit, vingt-quatre et quarante-huit heures.

4° Si, dans le courant de la journée, un militaire a un besoin urgent d'une permission de minuit, il en fait la demande au lieutenant de semaine par l'intermédiaire du maréchal des logis de semaine. Cet officier est autorisé à l'accorder ; il en rend compte au capitaine de police, et le lendemain le maréchal des logis chef en rend compte au capitaine commandant.

5° Les permissions de minuit, vingt-quatre et quarante-huit heures, sont signées par le capitaine commandant, et soumises, au rapport, à la signature du colonel. Ces permissions portent la date et la durée de la permission en toutes lettres.

6° La permission de trois à huit jours inclusivement est demandée, l'avant-veille du jour où le militaire désire en jouir, sur la situation journalière ; elle est soumise le lendemain, à l'heure du rapport, à la signature du colonel.

7° Toute demande de permission de huit jours, en attendant un congé de convalescence, est accompagnée d'un certificat du médecin-major constatant l'urgence ; elle est avec solde de congé de convalescence ; cette indication est portée en marge de la permission.

Tout militaire en permission de huit jours doit son service.

8° Tout sous-officier, brigadier ou garde qui obtient une permission d'un à huit jours inclusivement, avec solde entière, n'est dispensé d'aucun service : ses tours de service lui sont rappelés à sa rentrée. L'adjudant ou le maréchal des logis chef a soin cependant de laisser entre chaque tour un intervalle raisonnable.

Bulletin de santé joint aux permissions.

9° Un bulletin de visite de santé du médecin de la caserne est joint à toute permission, hors Paris, excédant deux jours. Quant aux congés et permissions au-dessus de huit jours, ce bulletin est représenté au moment de la délivrance de la permission ou congé pour y être joint. A leur rentrée, les permissionnaires sont de nouveau visités par le médecin de la caserne, sous la responsabilité du capitaine commandant.

ART. 175.

Congés au-dessus de huit jours.

1° Toute demande d'absence au-dessus de huit jours est faite sur modèle imprimé, adressée au ministre de la guerre et transmise au colonel par la voie hiérarchique. Elle porte, en marge, demande d'un congé de (indiquer le nombre de jours) ; elle est accompagnée d'un certificat du maire de la commune constatant l'urgence de la présence du militaire dans sa famille.

2° Tout militaire en congé ou permission, qui désire obtenir une prolongation, en fait la demande au ministre de la guerre, par l'intermédiaire de l'officier de la gendarmerie dans l'arrondissement duquel il se trouve ; il en informe, en outre, son capitaine.

3° Lorsque des motifs urgents nécessitent qu'un militaire obtienne un congé en dehors du nombre fixé par l'art. 173, le capitaine commandant en informe le colonel, en émettant son opinion sur la nécessité de dépasser la limite fixée.

4° Lorsqu'il y a plus de deux sous-officiers, brigadiers ou gardes en instance de congé pour affaires personnelles, le capitaine, après s'être assuré des motifs, propose, s'il y a lieu, de réduire ces demandes à quinze ou vingt jours, au lieu de trente, afin que tous les hommes que des affaires appellent dans leur famille puissent participer à cette faveur.

Art. 176.

Tout militaire rentrant de permission d'absence doit faire viser sa permission par le maréchal des logis de garde à la police, qui constate l'heure de sa rentrée au quartier.

Visa du sous-officier de garde à la police.

Art. 177.

1° Aussitôt qu'un militaire entre à l'hôpital, déserte ou s'absente par congé de plus de huit jours, le capitaine commandant fait dresser par le maréchal des logis chef, ou, en son absence, par le fourrier, en présence de deux témoins, l'inventaire, en double expédition, des effets emportés et de ceux laissés par le militaire. Ces deux pièces, dont l'une est adressée immédiatement au major, et l'autre déposée aux archives de la compagnie ou de l'escadron, sont signées par le comptable qui a dressé l'inventaire, par les deux témoins, par la partie intéressée, si elle est présente, et visées par le capitaine commandant.

Inventaire des effets d'un militaire qui s'absente.

2° Les effets du militaire absent sont, autant que possible, renfermés dans sa malle, ou roulés en ballot étiqueté à son nom, et déposés au magasin de la compagnie ou de l'escadron avec son armement, équipement et harnachement ; le maréchal des logis chef en devient responsable. Après le délai d'un mois d'absence illégale, d'un militaire déclaré déserteur, le capitaine se conforme à l'art. 191 de l'instruction.

3° A la rentrée de tout militaire absent depuis plus de huit jours, le lieutenant de peloton ou de section passe la revue de ses effets de toute nature et en rend compte au capitaine.

4° Aussitôt le décès d'un militaire, il en est donné avis, par le major, au maire de la commune, pour qu'il en informe sa famille.

5° Les effets d'ordonnance d'un militaire décédé, qui n'est pas débiteur envers la caisse, sont remis, par le capitaine commandant, à ses héritiers ou à leur fondé de pouvoirs, après qu'ils ont justifiés de leur titre, et sur un reçu détaillé remis par eux en échange des effets, ce dont il est donné avis, par écrit, au major par le capitaine commandant, aussitôt la livraison des effets. Le reçu indique le titre produit pour justifier la qualité d'héritiers. Lorsqu'il s'agit d'un fondé de pouvoirs, il indique le nom et la résidence du notaire, et la date de la procuration.

6° Si le militaire décédé redoit à la caisse, ses effets d'ordonnance sont versés au magasin du corps (art. 191).

7° Les effets d'ordonnance d'un militaire décédé, qui ne redoit point à la caisse et qui ne sont point réclamés par les héritiers dans le délai de deux mois, ainsi que ceux de celui qui, débiteur envers cette caisse, ne seraient point susceptibles d'être repris au magasin du corps, sont vendus à l'encan, dans la caserne, par le maréchal des logis chef, en présence de l'officier de semaine ; procès-verbal de cette vente est dressé en double expédition ; ces pièces, dont une expédition est adressée au major, sont signées par le maréchal des logis chef, par deux témoins, et visées par le capitaine commandant. Les bijoux et effets mobiliers restent en dehors de cette vente, et sont laissés entre les mains des veuves ou du capitaine commandant, s'il n'y a pas d'héritiers présents sur les lieux.

13

8° Le produit des effets, ainsi vendus, est versé à la masse du militaire.

9° Aucun militaire ne doit entrer à l'hôpital sans être porteur de son livret et sans être conduit par un brigadier.

Art. 178.

Délivrance de certificats par les militaires du corps.

Il est expressément interdit à tout militaire du corps, de quelque grade qu'il soit, de signer ou délivrer, sans l'autorisation du colonel, aux militaires qui font ou ont fait partie du corps, des certificats servant à constater tel fait que ce soit. La même interdiction existe à l'égard des certificats qui pourraient être sollicités par des personnes étrangères au corps.

CHAPITRE VIII.

Habillement, armement, équipement.

Art. 179.

Lieutenant d'habillement et d'armement.

1° Le lieutenant d'habillement est chargé, sous la direction du chef d'escadrons major, de tous les détails de l'habillement, de l'armement, de l'équipement, du harnachement, des munitions, et de toutes les écritures qui s'y rattachent. Un lieutenant ou sous–lieutenant désigné par le colonel, et dispensé de tout autre service, est adjoint au lieutenant d'habillement pour les détails de l'armement. Le lieutenant d'armement remplit néanmoins ses devoirs d'officier de section.

2° Le lieutenant d'habillement adresse chaque jour au colonel la situation journalière du petit et grand état-major ; il est chargé de la police des ateliers ; il se conforme, pour les effets en service versés en magasin, à l'art. 191 de l'instruction.

3° Il signale au colonel les maîtres ouvriers qui contreviendraient au règlement en distribuant aux militaires des effets qui n'auraient point été préalablement reçus par la commission, qui différeraient des modèles-types et pour lesquels ils exigeraient un supplément du prix du tarif.

4° Les magasins du corps et ateliers des maîtres ouvriers sont pourvus : à l'extétérieur de la porte, d'une étiquette en carton, bordée d'un filet rouge, indiquant : 1° *magasin d'habillement, d'armement, de harnachement* ou *de chaussure* ; 2° le nom de l'officier d'habillement ; celui du maître ouvrier ; 3° et, à l'intérieur de la porte, de l'inventaire du matériel et du mobilier fourni par le corps.

Art. 180.

Réunion des délégués du conseil d'administration au magasin d'habillement.

1° Le lundi de chaque semaine, les membres délégués du conseil d'administration se réunissent, à une heure, au magasin d'habillement, sous la présidence du chef d'escadrons major, pour procéder à la vérification de toutes les fournitures faites par les divers fournisseurs pendant la semaine précédente, ainsi que des effets ou objets confectionnés qui leur sont présentés par les maîtres ouvriers du corps. Les draps, coutils, toiles, et les divers effets reçus, sont marqués, séance tenante, du cachet du conseil.

2° Le même jour, les effets de toute nature qui ont été mis hors de service ou détériorés par suite d'accidents de force majeure sont soumis, par le major, à l'examen de cette commission, qui règle, sur le vu des pièces, l'indemnité à proposer pour la perte éprouvée. *Effets détériorés.*

3° L'état de proposition d'indemnité sur le fonds d'abonnement, d'entretien et de remonte établi dans chaque compagnie ou escadron est appuyé, pour chaque proposition, du certificat prescrit par l'art. 25 de l'instruction du 15 juillet 1835, et du procès-verbal ou rapport délivré par le chef de poste ou de détachement constatant la nature de la perte ou de la détérioration.

4° La commission est également chargée de recevoir les plaintes ou réclamations qui peuvent être adressées par les capitaines commandants relativement à l'habillement, l'équipement, le harnachement, etc.

5° Les effets de toute nature confectionnés sont, immédiatement après leur réception par la commission d'habillement, déposés au magasin du corps et inscrits sur un registre particulier tenu par le lieutenant d'habillement pour justifier des entrées et sorties, jour par jour, des effets entreposés par les maîtres ouvriers ; ce registre, conforme au modèle adopté par le corps, sert à la fois de compte ouvert entre l'officier d'habillement et les maîtres ouvriers et entre le magasin et les compagnies ou escadrons.

6° Le major vise pour ordre le registre d'entrées et sorties d'effets en magasin, à chaque réunion de la commission d'habillement, et, en tout cas, au moins une fois par mois ; les capitaines commandants émargent sur ce registre, en regard de l'inscription de leur bon.

7° Aucun effet ne peut être entreposé au magasin sans avoir été préalablement reçu par la commission d'habillement.

8° Les effets distribués sont seuls portés mensuellement en recette et en consommation dans la comptabilité officielle de l'habillement.

Art. 181.

1° Le mardi de chaque semaine, de midi à quatre heures, distribution d'effets de toute nature aux sept premières compagnies du 1er bataillon. *Distribution d'effets de toute nature par le magasin.*

2° Le mercredi, détail intérieur du magasin et travail de bureau.

3° Le jeudi, distribution aux 8e compagnie du 1er bataillon, 1re, 2e et 3e compagnies du 2e bataillon, 1er et 2e escadrons. (La distribution aux escadrons a lieu entre les deux pansages.)

4° Le vendredi, détail intérieur du magasin, travail du bureau et demande aux divers fournisseurs des objets nécessaires pour la semaine suivante.

5° Le samedi, de midi à quatre heures, distribution aux cinq dernières compagnies du 2e bataillon, et aux 3e et 4e escadrons.

6° Les militaires conduits au magasin d'habillement pour recevoir des effets n'émargent que pour ceux qui leur sont remis à l'instant même.

7° Le capitaine commandant se conforme, pour l'inscription sur le compte ouvert et sur les livrets des effets distribués, aux dispositions de l'ordonnance du 10 mai 1844.

8° Il n'est dérogé aux dispositions ci-dessus que par ordre du colonel.

9° Les effets qui restent entre les mains des maîtres ouvriers pour être retouchés ne sont pas compris dans les bons provisoires du capitaine commandant.

10° Il est expressément interdit à l'officier d'habillement et aux maîtres ouvriers de délivrer des contre-bons. Un bon régulier, visé par le major, est remis, le 26 de chaque mois, au lieutenant d'habillement.

11° Le dimanche, collationnement et récapitulation générale des effets distribués pendant la semaine, commandes diverses aux fournisseurs, correspondance à ce sujet.

12° Les militaires ne peuvent être pourvus que par le magasin du corps, et au compte de leur masse individuelle, quelle qu'en soit la situation, des effets d'habillement, de grand et de petit équipement, de harnachement, de coiffure, de linge et chaussure et d'effets de petite monture, au moyen de la retenue réglementaire qui alimente la masse individuelle.

13° Les effets de petite monture, tels que patience, trousse, brosses, sont du même modèle dans tout le corps; ces effets sont achetés par la commission de linge et chaussure déléguée par les capitaines commandants. La patience, pour la cavalerie, est de la longueur du devant du surtout.

Art. 182.

Manière d'essayer les effets au magasin.

1° Le capitaine veille à ce que les militaires désignés pour recevoir des effets soient conduits au magasin et ramenés en ordre par un sous-officier comptable, ou, à défaut de comptable, par un maréchal des logis ; qu'ils aient le pantalon de drap. La capote est essayée par dessus la veste ; l'habit, le surtout et la veste, par dessus un gilet de tricot.

2° Le capitaine fait essayer les effets afin de s'assurer qu'ils vont bien, qu'ils ne gênent point, qu'ils n'ont aucune défectuosité, et qu'ils ont les dimensions exigées par le règlement.

3° Il s'assure que les surtouts et habits ne serrent point la taille de manière à l'étrangler, que le bas des basques tombe juste au pliant du jarret et qu'elles n'ouvrent point, que le revers de l'habit soit placé bien perpendiculairement, que la couture de son milieu tombe perpendiculairement sur celle de la brayette du pantalon. (Même observation pour la ligne des boutons du devant du surtout ou de la veste.)

4° Que la ceinture du pantalon emboîte bien les hanches et qu'elle soit entièrement couverte par le surtout, la veste ou l'habit, de manière à ce que les boutons de la ceinture ne puissent être aperçus; que la brayette arrive juste sur le milieu du ventre de l'homme et corresponde à la ligne des boutons de la veste, du surtout,

ou à la couture du milieu du revers ; qu'enfin le bas du pantalon tombe naturelle-
ment sur le coude-pied et laisse apercevoir en entier le talon de la botte.

5° La capote doit être aisée sans être trop large; les pans doivent tomber à 35 centimètres de terre.

6° Le capitaine ne recevra point, autant que possible, des effets qui auraient
besoin d'être retouchés, les rectifications étant toujours un mauvais moyen pour les
faire bien aller et présentant souvent d'autres inconvénients. Ce ne sera que dans
le cas où il y aurait très-peu de chose à faire pour que l'effet aille parfaitement
bien que la rectification pourra avoir lieu ; alors mention en sera faite sur le bon,
l'effet sera étiqueté au nom du militaire, la rectification sera faite dans les quarante-huit heures, et l'effet sera réintégré au magasin du corps par le maître ouvrier
pour être livré à la prochaine distribution, sauf le cas d'urgence, auquel cas le
capitaine enverra le militaire au magasin avec l'un des comptables, et se fera
représenter, au retour, l'effet rectifié.

ART. 183.

1° Le capitaine-commandant doit se rendre au magasin lorsque ses subordonnés
ont à recevoir des effets de harnachement, d'habillement et d'équipement. En cas
d'absence pour cause de service, il est remplacé à la distribution par un officier
de la compagnie ou de l'escadron..

2° L'officier d'habillement et les maîtres ouvriers ne peuvent se dispenser d'assister à toute distribution d'effets ; l'officier d'habillement ne délivre aucun effet
d'habillement, de harnachement et d'équipement qu'en présence du capitaine
commandant ou de l'officier chargé de le remplacer.

3° Pour la réception de l'armement et des effets de linge et chaussure ou de
petite monture, la présence de l'un des sous-officiers comptables est seule nécessaire au magasin.

ART. 184.

1° Les états de première mise de grand et de petit équipement ne sont présentés à la signature du chef d'escadrons-major que lorsque le colonel a statué définitivement sur l'admission du militaire ; ce dont le capitaine commandant est
prévenu par le major.

2° Le montant de la première mise d'habillement est porté au crédit du compte
du militaire dans le trimestre de son arrivée au corps ; le montant de cette allocation est porté sur la feuille de journée.

3° La première mise d'habillement est due aux sous-officiers et soldats extraits des
corps de l'armée et qui n'ont pas servi antérieurement dans la gendarmerie ; aux
sous-officiers et soldats libérés du service, qui obtiennent leur admission dans le
corps, par suite de leur demande, pourvu toutefois que cette demande ait été
faite avant le délai d'un an à partir de la date de leur libération définitive du
service de l'armée.

4° Les gardes à pied qui ont reçu la première mise et qui sont désignés pour passer dans l'arme à cheval, ont droit à un supplément pour compléter la première mise de cette dernière arme.

5° La propriété de la première mise d'habillement n'est acquise intégralement qu'après deux ans révolus d'activité dans le corps, sauf le cas de réforme pour infirmités ou blessures reçues dans le service. Le temps de service est compté du jour de l'admission provisoire dans le corps.

6° Les militaires démissionnaires ou rayés des contrôles avant un an révolu de présence au corps, à partir de la date de leur admission provisoire, doivent rembourser la totalité de la première mise qui leur a été allouée ; et seulement la moitié de la première mise s'ils ont plus d'une année de présence au corps (art. 128 du règlement du 21 novembre 1823).

7° Lorsque des militaires sont congédiés ou rayés des contrôles avant d'avoir acquis la propriété intégrale ou partielle de la première mise, et ont supporté, sur leur masse, le remboursement de tout ou partie de cette allocation, les sommes déduites de leur avoir en caisse doivent rentrer au crédit de l'État et sont portées en déduction sur les feuilles de journées du trimestre dans lequel ces militaires ont été congédiés ou rayés des contrôles ; dès que ce cas se présente, il en est rendu compte immédiatement au major et au trésorier, afin que la déduction dont il s'agit puisse être opérée par le trésorier sur l'état de solde du mois courant.

8° Le capitaine commandant est pécuniairement responsable de toutes les allocations qu'il fait aux militaires placés sous ses ordres.

ART. 185.

États de remplacement d'effets.

1° L'officier d'habillement ne délivre aucun effet de grand et de petit équipement sans qu'au préalable il ait été fourni un état de remplacement signé par le capitaine commandant et visé par le major.

2° Chaque militaire ne doit recevoir, dans le même trimestre, plus d'une chemise, un col et une paire de gants, sans faire l'objet d'une annotation sur l'état de demande ; le remplacement des effets doit être strictement calculé sur les besoins réels, et eu égard à la retenue affectée à l'entretien.

3° Lorsqu'il s'agit de remplacement d'effets, le capitaine commandant s'assure que la détérioration des effets ne peut être attribuée à la négligence du militaire ; dans ce cas, la dépense porte intégralement sur sa masse qu'elle qu'en soit la situation.

Si, au contraire, la détérioration provient de sa négligence, et qu'il soit en débet envers la caisse, le montant de la moins-value de l'effet est retenu sur sa solde ; lorsqu'il y a lieu d'appliquer cette mesure, le capitaine commandant en fait la demande motivée au major qui, après s'être fait représenter l'effet et avoir entendu la partie intéressée, établit le montant de la moins-value et propose au colonel la retenue à exercer mensuellement sur la solde du militaire, jusqu'à paiement de de cette moins-value.

4° Pour la régularité des écritures et leur concordance avec la comptabilité générale du corps, le montant des effets distribués et des réparations exécutées dans les ateliers du corps, qui doit être payé sur leur solde par les militaires, est porté mensuellement en dépense, à leur compte, et il en est fait recette en même temps à titre de versement volontaire.

5° Les inscriptions sur le compte ouvert et sur les livrets sont faites de la manière suivante : 1° le détail des réparations exécutées ou des effets distribués ; 2° versé volontairement pour paiement des réparations ou des effets ci-dessus.

6° Les militaires en débet à la caisse paient, sur leur solde, le remplacement des effets de pansage, de linge et chaussure, de petite monture et les réparations de toute nature.

7° Les états de remplacement d'effets de toute nature sont adressés, par le capitaine commandant, au major, le 25 du dernier mois de chaque trimestre, pour le trimestre suivant ; ces états doivent indiquer le numéro annuel des militaires qui y figurent et leur situation de caisse à la fin du trimestre courant.

Art. 186.

1° Chaque dimanche, par la voie du rapport, le capitaine commandant adresse au chef d'escadrons-major un état des effets d'habillement reçus dans le courant de la semaine, sur lequel il consigne ses observations.

États des effets reçus pendant la semaine.

2° Dans le cas où des effets reçus pendant ces huit jours laisseraient quelque chose à désirer, ils sont renvoyés le lundi, à une heure, au magasin du corps, pour être présentés au major.

3° A la fin de chaque mois, les chefs d'escadrons passent la revue de tous les effets d'habillement, d'équipement et de harnachement reçus pendant le mois par les militaires placés sous leurs ordres.

Art. 187.

Il n'est point accordé d'indemnité pour perte ou détérioration d'effets lorsque, contrairement aux ordres du corps, les effets n'ont pas été délivrés par le magasin d'habillement ou qu'ils ont dépassé le terme de leur durée légale, qui est fixée de la manière suivante :

Durée légale des effets.

Le manteau, dix ans ;
La capote, trois ans ;
L'habit, quatre ans ;
Le surtout, trois ans ;
La veste, trois ans ;
Le pantalon et la hongroise en drap, deux ans ;
La hongroise en tricot blanc, cinq ans ;
Le pantalon de coutil blanc, trois ans ;
Les aiguillettes, trois ans ;
Le bonnet de police, deux ans ;
Le havresac et le portemanteau, dix ans ;
Le schako, quatre ans ;
Le chapeau, deux ans ;
Le casque, dix ans ;
Les grosses bottes, deux ans ;
Les petites bottes, un an.

Art. 188.

Marque des effets.

1° Chaque compagnie et escadron est pourvu de sa lettre alphabétique et d'une série de numéros de 14 millimètres de hauteur. Le petit état-major prend la lettre A; la 1re compagnie du 1er bataillon, la lettre B; la 2e compagnie, la lettre C, et ainsi de suite jusqu'au dernier escadron, qui prend la lettre U.

2° Aussitôt leur réception, les habits, surtouts, capotes, manteaux et vestes, sont marqués au magasin du corps, près de la ceinture, du cachet du conseil, et un peu au-dessous de la doublure du dos, du millésime et du trimestre de la réception; ces mêmes effets sont ensuite marqués, au bureau de la compagnie, au milieu de la doublure du dos, de la lettre de la compagnie, et au-dessous, du numéro matricule de l'homme.

3° Les pantalons et caleçons sont marqués sur la doublure de la ceinture, entre les boutonnières et les boutons des bretelles, la lettre de la compagnie à gauche du numéro matricule.

4° Le chapeau reçoit l'empreinte du millésime et du trimestre de la réception sur le milieu de la coiffe; le schako, sur le milieu de la face interne du calot; le bonnet de police, sur la face gauche interne de la basane; le casque, sur le couvre-nuque.

5° Les chemises sont marquées, à hauteur du gousset du pan droit de devant, du numéro matricule et de la lettre de la compagnie un peu au-dessus; les bottes le sont intérieurement, à côté du tirant droit. Enfin, les autre effets sont marqués intérieurement, dans l'endroit le plus apparent.

Équipement (infanterie).

6° Le cachet de réception est placé sur la bretelle gauche du havresac, le numéro matricule à 10 centimètres au-dessous; la lettre de la compagnie est placée au milieu de la doublure du côté droit de la pattelette, le numéro matricule au-dessous.

Le cachet de réception est apposé sur le baudrier de sabre, à 5 centimètres au-dessus du passant du fourreau de baïonnette; le numéro matricule est placé à 20 centimètres au-dessus de ce cachet.

Le cachet de réception est placé sur le porte-giberne, à 20 centimètres au-dessus du contre-sanglon, passant dans la traverse du côté gauche de la giberne; le numéro matricule est placé au-dessus de ce cachet.

La bretelle de fusil est timbrée du cachet de réception, à 10 centimètres de la bouche; le numéro matricule est à environ 3 centimètres au-dessus.

Le fourreau de baïonnette porte le cachet de réception sur le contre-sanglon en buffle, le numéro matricule est placé sur le fourreau, à 10 centimètres de la chape.

Le bouchon de fusil est marqué au numéro matricule sur le bois.

Cavalerie.

7° Le ceinturon porte le cachet de réception sur le grand côté, à 6 centimètres de l'anneau; le numéro matricule, à 2 centimètres de ce cachet, du côté opposé à l'anneau.

Les deux bélières sont marquées à 6 centimètres de l'anneau.

Le porte-baïonnette est marqué au numéro matricule à 2 centimètres du bord de l'échancrure.

Le fourreau de baïonnette, comme celui de l'infanterie.

La dragonne porte le cachet de réception, à 6 centimètres du passant coulant fixé à la frange ; le numéro est placé à la même distance de la partie opposée au cachet.

Le cachet de réception est placé, sur le porte-giberne, à 2 centimètres du buffle, percé de deux rangées de trous, cousu sur la grande bande ; le numéro matricule est placé à 16 centimètres de la plaque dite *agrément*, découpée en patte d'ours.

La petite bande porte le cachet de réception entre le passe-coulant et les boutons à double face ; le numéro matricule est placé au-dessus, entre le passe-coulant et la couture de la grande boucle.

La bride, licol de parade, licol d'écurie, bridon d'abreuvoir, la selle et ses accessoires, sont marqués d'après le mode indiqué pour ces différents effets.

La housse est marquée sur le cuir qui la double, du côté montoir, entre l'œillet et le bas de la housse, les chaperons sur le milieu de la bande de cuir qui entoure la sacoche.

Le portemanteau, sur la doublure de la patelette, la couverture sur le milieu de la croupe, en chiffres de drap garance de huit centimètres de hauteur.

Les bouchons de mousquetons et de pistolets sont marqués comme les bouchons de fusils.

Art. 189.

Il est expressément défendu aux sous-officiers et gardes d'acheter de vieux effets aux militaires qui quittent le corps, sans s'être conformés aux dispositions suivantes :

Effets achetés ou vendus par les militaires.

1° Ils doivent les payer de leurs deniers et les soumettre à l'examen de leur capitaine, qui en vérifie les dimensions, les fait essayer et s'assure qu'ils vont bien à leur taille ;

2° Les effets ainsi acceptés sont aussitôt marqués au numéro matricule des militaires, en ayant soin de passer une barre sur les anciens numéros.

Le capitaine commandant doit être très-sévère sur l'acceptation de ces effets.

3° Il est défendu à tout militaire, sous peine de punition, de se défaire de ses vieux effets sans l'autorisation de son capitaine.

Art. 190.

Lorsque le capitaine commandant doit procéder à l'estimation des effets appartenant à un militaire de sa compagnie ou escadron, cette estimation est faite contradictoirement avec l'officier d'habillement, conformément à l'art. 191.

Estimation d'effets.

Art. 191.

1° Lorsqu'un capitaine commandant doit verser, au magasin du corps, des effets en service provenant d'un homme absent illégalement depuis un mois, déclaré déserteur ou rayé des contrôles et débiteur envers la caisse, il fait établir en double expédition un état de ces effets, conforme au modèle donné ; ces expéditions sont visées par le major avant le versement. La colonne du prix d'estimation restant en blanc est remplie, en présence du capitaine, de la partie intéressée, si elle est présente, et de l'officier d'habillement, qui, assisté du maître ouvrier compétent, fixe la valeur des effets versés ; les effets qui ne sont point susceptibles d'être reçus au magasin sont vendus à l'encan, conformément à l'art. 177.

Effets en service versés en magasin.

14

2° L'officier d'habillement ne reçoit en magasin aucun effet qui ne soit conforme à l'ordonnance sur la tenue.

ART. 192.

Récapitulation mensuelle.

1° Les distributions d'effets de toute nature sont suspendues, à partir du 26 de chaque mois, jusqu'au 1er du mois suivant.

Si, dans l'intervalle, le colonel ordonnait des distributions d'urgence, les effets seraient imputés sur les comptes du mois suivant.

2° Le 27, à onze heures du matin, les récapitulations mensuelles sont remises à l'officier d'habillement, qui les vérifie avec les bons partiels.

État général d'effets reçus du magasin.

3° Le 29, dans la matinée, les maréchaux des logis chefs s'assurent auprès de l'officier d'habillement s'il n'y a pas de rectifications à faire à la récapitulation mensuelle; ils établissent ensuite l'état général, conformément au modèle donné. Sous aucun prétexte, il ne doivent intervertir les colonnes classées d'après leur numéro d'ordre. Cet état est émargé par les parties prenantes (sous-officiers, brigadiers et gardes), et remis au bureau d'habillement, le 1er de chaque mois, à deux heures de relevée, pour tout délai. Le capitaine commandant émarge pour les hommes absents.

ART. 193.

État des effets en service reçus du magasin ou versés en magasin.

1° Un état des effets en service versés au magasin et un de ceux reçus du magasin, établis en double expédition, conformément au modèle adopté (sur format n° 3), certifiés par le capitaine commandant, avec arrêté en toutes lettres, sont remis, le 27 du dernier mois de chaque trimestre, à l'officier d'habillement qui en opère la vérification.

2° Lorsqu'il n'a pas été versé ni reçu d'effets, pendant le trimestre, ces états sont négatifs.

ART. 194.

Situation trimestrielle d'armement.

1° Le premier jour de chaque trimestre, le capitaine commandant adresse à l'officier d'armement (sur format n° 2) et conforme au modèle donné, une situation reproduisant tous les objets d'armement existant à la compagnie ou escadron au dernier jour du trimestre précédent, et récapitulant nominativement les gains et les pertes des trois mois écoulés.

2° Cette situation indique aussi les munitions existant à la compagnie ou à l'escadron.

3° Tous les militaires armés pendant le trimestre, ceux venus ou passés à d'autres compagnies, ceux congédiés ou passés à d'autres corps, y figurent nominativement avec la mutation de l'arme et non celle du militaire, c'est-à-dire que, pour les nouveaux admis, on porte pour mutation : *Armé le...*; pour ceux congédiés : *Versé au magasin le...*; enfin, pour ceux passés ou venus d'autres compagnies : *Venu le..., de telle compagnie*, ou *Passé, : le..., à telle compagnie.*

4° Le contrôle ne doit recevoir d'autres mutations que celles des militaires quittant la compagnie. Ils sont biffés alors avec une barre à l'encre partant inclusivement du numéro de l'arme jusqu'au grade exclus, et, en regard, la même mutation que sur le contrôle d'armement.

ART. 195.

Les réparations faites par l'armurier sont de deux espèces :

1° Celles qui doivent être considérées comme réparations sont celles faites aux fusils, sabres, mousquetons, pistolets et tire-balles ; elles figurent sur la feuille de décompte ;

Réparations à l'armement.

2° Toutes les autres réparations, telles qu'étamage de mors et gourmettes, réparations aux mors, nécessaires d'armes, tampons de cheminées, cravates et pattes de sabre, etc., sont désignées sous le titre de *Réparations diverses.* (Voir, pour le paiement des réparations, l'art. 185.)

ART. 196.

Conformément au règlement sur l'entretien des armes, le lieutenant de section ou de peloton passe, le 25 de chaque mois, une revue des armes ; il s'assure :

Revue d'armement.

1° Que la fraisure du chien soit nettoyée avec soin ;

2° Que le bois soit graissé dans le canal du canon et celui de la baguette ;

3° Il recommande aux militaires d'exercer une pression soutenue sur la queue de la détente lorsqu'ils font feu, afin d'éviter les dégradations qui peuvent résulter de la rencontre de la noix et de la gâchette ;

4° De nettoyer le bois, aux environs de la cheminée, avec une pièce grasse, et ne jamais le gratter pour faire disparaître la crasse qui s'y forme pendant le tir ;

5° De tenir constamment la vis de culasse bien serrée ;

6° Que, sous aucun prétexte, ils ne déculassent eux-mêmes leur fusil (cette opération est faite gratuitement par le maître armurier) ;

7° Enfin, il se conforme aux art. 57, 58, 59 et 61 du Manuel d'armement, et veille à ce que les gardes observent toutes les précautions indiquées par le supplément au Manuel, pages 150 et suivantes pour l'infanterie, et 154 et suivantes pour la cavalerie, qui se trouvent d'ailleurs inscrites dans le tableau du démontage et remontage des armes qui doit être affiché dans toutes les chambrées.

8° Il rend compte de cette revue à son capitaine, et signale les réparations à faire, le défaut de soin des sous-officiers et gardes, et la négligence provenant du fait de l'armurier.

9° Le 30 de chaque mois, le capitaine commandant transmet au major l'état des réparations à faire à l'armement de sa compagnie ou escadron.

État des réparations à l'armement.

10° Le résultat de la visite des armes est ensuite transmis par le major au lieutenant d'armement, qui prévient les compagnies ou escadrons du jour où les armes doivent être apportées chez l'armurier.

11° Aussitôt que les compagnies sont prévenues d'envoyer des armes en réparation, le maréchal des logis chef adapte une étiquette à chacune indiquant le nom du militaire, le numéro de la compagnie ou de l'escadron , celui de l'arme, ainsi que les réparations à y faire.

ART. 197.

Cheminées de rechange , clefs de cheminées , monte-ressort.

Conformément à la décision du ministre de la guerre, chaque compagnie ou escadron est pourvu, à raison d'un vingtième des armes, de cheminées de rechange, qui sont conservées pour remplacer celles qui viendraient à être mises hors de service. Dans ce cas, le militaire auquel appartient l'arme est envoyé, aussitôt que possible, au magasin d'habillement, afin que la dépense soit imputée au compte de qui de droit, et que la cheminée ainsi remplacée soit rendue à la compagnie par l'officier d'armement. Chaque brigadier est également pourvu d'une clef de cheminée et d'un monte-ressort dont il demeure responsable.

ART. 198.

Nouveaux admis.

Les nouveaux admis sont armés dans les quarante-huit heures qui suivent leur arrivée. A cet effet, ils sont conduits au magasin avec un bon indiquant leur nom, prénoms, numéro matricule, et les armes qu'ils doivent recevoir, et qu'ils émargent aussitôt leur réception.

ART. 199.

Distributions de munitions.

1° Lorsque l'ordre en est donné, l'officier d'armement remet aux compagnies et escadrons, sur un bon signé par le capitaine commandant, les cartouches nécessaires pour les exercices à feu et pour le service dans les postes.

2° Au retour des exercices à feu, le maréchal des logis chef se fait remettre les cartouches qui n'ont point été brûlées; il s'assure, avec le plus grand soin, que toutes ont été restituées. Il se fait remettre également, à la descente de tout service, les balles et la poudre des militaires qui ont été dans le cas de charger leurs armes, ou celles provenant de cartouches avariées. Ces cartouches, balles ou poudre, sont versées au magasin de l'officier d'armement.

ART. 200.

Réparations à la chaussure.

1° Les réparations à la chaussure sont faites dans les ateliers du corps, sur un état indiquant les réparations ordonnées. Toutefois le capitaine commandant peut faire exécuter par des ouvriers étrangers au corps , les petites réparations, telles que coutures, demi-ressemelages, talons, etc., etc., à la condition de ne pas changer la forme primitive de la chaussure. (Voir, pour le paiement de ces réparations, l'art. 185.)

2° Le capitaine commandant s'assure que les militaires ne se pourvoient de chaussure qu'au magasin du corps; toute chaussure prise chez des ouvriers bourgeois doit être immédiatement réformée.

ART. 201.

1° Le maître chapelier envoie, le 1er de chaque mois, un de ses ouvriers dans les casernes, pour y prendre les chapeaux désignés pour être réparés; ces chapeaux sont étiquetés avec indication de la nature de la réparation, et inscrits sur un registre à ce destiné.

Réparations aux chapeaux.

2° Le maître chapelier verse les chapeaux réparés au magasin du corps; la réparation est vérifiée par l'officier d'habillement, qui s'assure, avec la mesure réglementaire, si les chapeaux ont les dimensions exigées. (Voir, pour le paiement des réparations, l'art. 185.)

ART. 202.

1° Les réparations aux schakos, casques, gibernes et buffleteries, sont faites par les fournisseurs de ces effets, qui seuls possèdent les ustensiles nécessaires à leur confection. Ces effets sont envoyés par le capitaine commandant dans leurs ateliers, avec des états nominatifs signés de lui, lesquels indiquent exactement les réparations à faire. Chaque effet est étiqueté et porte les mêmes indications.

Réparations d'équipement et harnachement.

2° L'ajustage du harnachement est fait gratuitement par le maître sellier, d'après les principes prescrits dans cette instruction, et en présence d'un officier de l'escadron. (Voir, pour le paiement des réparations, l'art. 185.)

ART. 203.

1° Les grandes réparations à l'habillement, telles que remplacement de collet, retroussis, parements, etc., sont faites par un atelier spécial du maître tailleur, sur un état indiquant les réparations ordonnées.

Réparations d'habillement.

2° Les effets à réparer sont portés à l'atelier le lundi de chaque semaine, et retirés le samedi, après que l'officier d'habillement s'est assuré que la réparation est conforme à l'ordonnance, ce qu'il constate par son visa sur le bon, avant que la remise en soit faite au maître ouvrier; le major veille à la stricte exécution de cette disposition. (Voir, pour le paiement des réparations, l'art. 185.)

3° Un militaire, dans chaque compagnie ou escadron, peut être employé pour exécuter les petites réparations. Le prix de ces réparations est fixé par le capitaine commandant, et payé, par ses soins, sur la solde des militaires. L'ouvrier tailleur n'est dispensé d'aucun service; mais il est autorisé à se faire remplacer, dans son service, par un de ses camarades, moyennant la rétribution réglementaire.

CHAPITRE IX.

Registres et comptabilité.

ART. 204.

Registres de comptabilité.

La série des différents registres en usage dans les compagnies et escadrons est établie d'après la nomenclature suivante :

Nos 1. Registre matricule ;
2. Livre de détail ;
3. Registre des bordereaux de solde ;
4. Contrôle signalétique des chevaux ;
5. Registre.—1re partie, modèles d'états ; 2e partie, décisions et ordres de principes relatifs à l'administration ;
6. Registre des comptes courants avec le magasin d'habillement ;
7. Registre.—1re partie, armement ; 2e partie, munitions ;
8. Registre.—1re partie, analyse des procès-verbaux ; 2e partie, signalements des déserteurs ;
9. Registre des ordres du corps, de la place et de la division ;
10. Registre de punitions ;
11. Livret d'ordinaire ;
12. Registre du service journalier des sous-officiers de semaine ;
13. Carnet des décisions ;
14. Instruction sur le service journalier de la garde de Paris.

Chacun de ces registres porte sur la couverture une étiquette, en forme d'écusson, indiquant sa nature, le numéro qui lui est affecté dans la série, celui du bataillon, de la compagnie ou de l'escadron.

ART. 205.

Registre matricule.

1° Toutes les mutations des militaires quittant la compagnie ou l'escadron sont inscrites exactement sur le registre matricule, avec indication, pour ceux qui quittent le service, du lieu où ils se retirent et de leur adresse.

2° Lorsqu'un militaire quitte la compagnie pour passer dans une autre compagnie ou escadron, son folio matricule est adressé au commandant de sa nouvelle compagnie ; s'il quitte le corps, il est remis au colonel pour être classé à son dossier.

ART. 206.

Registre de détail.

1° Ce registre comprend les enregistrements suivants :

1° La situation journalière pour ce qui a trait à la solde ;
2° Le contrôle annuel des hommes ;
3° Les comptes ouverts ;
4° L'enregistrement des feuilles de solde ;

5° L'enregistrement des fournitures extraordinaires ;

6° L'enregistrement des retenues faites aux travailleurs et hommes punis;

7° L'enregistrement nominatif des masses venues ou passées à d'autres corps, indemnité pour perte ou détérioration d'effets, décompte définitif ou excédant de masse payé ;

8° L'enregistrement des recettes et dépenses imprévues portées au titre de la compagnie ou escadron, que les maréchaux des logis chefs relèvent une fois par semaine au bureau du trésorier ;

9° L'enregistrement de la situation de la literie et du mobilier des casernes.

2° La situation est établie, chaque matin, d'après les mutations survenues pendant la journée précédente, pour tout ce qui a trait à la solde seulement.

Situation journalière.

Les mutations sont inscrites nominativement à la suite les unes des autres, sans s'attacher à les faire correspondre avec les lignes des dates.

3° Toutes les mutations des militaires qui changent de position sont inscrites sur le contrôle annuel. Quand un militaire quitte la compagnie ou l'escadron, on tire une barre diagonale sur son nom, partant de l'angle gauche du haut de la case à celui de droite du bas; on tire également des barres diagonales dans les cases blanches qui suivent celle où la dernière mutation est portée, et l'on procède de même pour les cases afférentes aux trimestres antérieurs à l'inscription du militaire sur le contrôle.

Contrôle annuel.

4° Les comptes ouverts sont tenus constamment à jour; l'enregistrement des effets reçus par les militaires est fait en leur présence, ainsi que sur leur livret. La retenue mensuelle opérée sur la solde au profit de la masse est inscrite à la fin de chaque mois; il en est de même des versements volontaires.

Comptes ouverts.

5° Le compte de tous les militaires qui figurent au contrôle annuel est réglé et arrêté, à la date du premier jour de chaque trimestre, sur leur livret et sur leur compte ouvert, et lorsqu'ils entrent dans une position d'absence ou qu'ils cessent d'appartenir à la compagnie ou à l'escadron.

6° L'arrêté de compte est fait en chiffres et signé par le capitaine et par chaque militaire ; mais, dans le cas de rature, surcharge ou rectification après règlement de compte, l'arrêté est répété en toutes lettres et signé de la même manière.

7° Les feuilles de solde sont inscrites sommairement par nature de perception ; il en est de même pour les fournitures extraordinaires qui pourraient être faites à la compagnie ou escadron.

Feuilles de solde.

8° L'enregistrement des retenues faites aux travailleurs et militaires punis est tenu constamment à jour et nominativement. On se conforme, pour ces retenues, à ce qui est prescrit aux art. 76 et 151 de la présente instruction.

Retenues aux travailleurs et militaires punis.

9° Tous les semestres, le capitaine commandant adresse au major, sur format n° 2, une situation de la literie et du mobilier de sa compagnie ou escadron, conforme au modèle adopté.

Literie et mobilier des chambrées.

10° Au départ de tout militaire faisant mutation, sa fourniture de literie est vérifiée, et l'imputation pour réparations ou dégradations constatées est faite immédiatement, nulle imputation de cette nature ne pouvant être faite aux militaires absents, morts ou en convalescence.

11° L'état du mobilier des chambrées de la compagnie ou de l'escadron est établi à la suite de la situation de la literie.

ART. 207.

Registre des bordereaux de solde.

1° Le contrôle des militaires de chaque compagnie et escadron est établi sur le registre des bordereaux de solde, aussitôt que la solde précédente a été faite, afin que ceux qui éprouvent une mutation d'absence dans l'intervalle d'une solde à l'autre puissent émarger et recevoir la solde qui leur revient, laquelle, en cas de besoin, est avancée par la compagnie ou l'escadron.

2° Toutes les retenues d'argent, sans exception, figurent dans les différentes colonnes disposées à cet effet, afin que la somme que reçoit le militaire sous le titre de *Restant à payer*, portée dans la dernière colonne, représente, avec les retenues opérées, la solde intégrale du militaire, et que le montant des retenues mensuelles réglementaires concorde avec le chiffre porté au tableau trimestriel de la situation de la masse individuelle.

ART. 208.

Contrôle signalétique des chevaux.

Le contrôle signalétique des chevaux est tenu à jour comme le contrôle annuel. Toutes les mutations des chevaux y sont inscrites aussitôt qu'elles surviennent.

ART. 209.

Registre des modèles d'états, circulaires et ordres concernant l'administration.

1° Tous les modèles d'états nécessaires aux compagnies et escadrons sont donnés par le major et transcrits sur ce registre; aucune modification ne peut y être apportée sans l'ordre du major.

2° Sur la deuxième partie de ce registre sont inscrites les décisions de principes, relatives à l'administration, qui pourraient modifier les divers articles du présent règlement.

ART. 210.

Registre du compte ouvert avec le magasin d'habillement.

1° Le registre de compte ouvert avec le magasin d'habillement sert à inscrire les effets de toute nature reçus par la compagnie ou escadron. Il doit toujours être en concordance avec celui du magasin; il est arrêté tous les mois, et présente le montant en argent des effets; enfin, il sert à l'établissement des bons mensuels et des états de dépenses du trimestre.

2° Afin de rendre la vérification plus prompte et plus facile, ce registre doit paginer avec celui du magasin. En conséquence, il doit contenir de cinquante à cinquante-deux lignes par page.

3° Les effets neufs et ceux remis en service, reçus du magasin, y sont portés sommairement par mois.

Art. 211.

1° Tous les militaires de la compagnie ou de l'escadron figurent par grade sur ce registre. Les nouveaux admis n'y sont ajoutés que du jour où ils sont armés, afin que l'effectif des armes soit toujours en rapport avec celui des militaires qui y figurent.

2° Sur la deuxième partie de ce registre figurent les munitions délivrées à la compagnie ou à l'escadron.

3° Le capitaine commandant reste dépositaire et comptable des munitions qui lui sont délivrées. A cet effet, il fait inscrire exactement sur ce registre toutes celles qu'il reçoit de l'officier d'armement, celles qui ont été consommées, celles qui sont versées en magasin, par suite de détérioration, avec indication de leur remplacement.

4° Le registre des munitions est arrêté le dernier jour de chaque trimestre, et doit concorder avec celui tenu par l'officier d'armement, qui est chargé de le vérifier; l'arrêté est signé par le capitaine commandant et par l'officier d'armement.

Registre d'armement et de munitions.

Art. 212.

1° Les feuilles de solde sont établies et remises au bureau du trésorier le dernier jour de chaque quinzaine, à deux heures de relevée; la solde est faite ensuite au jour et heure indiqués par le rapport aux capitaines commandants, assistés de leur maréchal des logis chef.

Établissement et remise des feuilles de solde.

2° La haute-paie pour ancienneté est comprise sur la feuille de solde et payée ainsi qu'il suit :

Haute-paie.

Aux sous-officiers . . . .
à 7 ans de service révolus, à raison de 15 c. par jour.
à 11   id.   20   id.
à 15   id.   25   id.

Aux brigadiers et gardes
à 7 ans de service révolus, à raison de 12 c. par jour.
à 11   id.   15   id.
à 15   id.   20   id.

Art. 213.

1° Le capitaine commandant adresse au trésorier, la veille du jour de la radiation des contrôles des militaires faisant mutation, trois expéditions de l'extrait du compte ouvert, sur lesquelles l'*avoir* ne doit figurer que pour 35 fr. lorsque le militaire passe dans un régiment d'infanterie de ligne, et 55 fr. lorsqu'il passe dans la cavalerie; si le militaire passe dans la gendarmerie à pied, l'*avoir* est de 150 fr., et 300 fr. s'il est nommé gendarme à cheval. Dans tous les cas, s'il y a un excédant à ces diverses fixations, le décompte en est fait avant le départ du militaire.

Militaire passant à d'autres corps ou dans la gendarmerie départementale et coloniale.

2° Lorsqu'un militaire quitte la compagnie, on tire une barre diagonale, sur les pages de ses comptes, partant de l'angle gauche du haut à celui de droite du bas.

3° L'état de masse du militaire venu où passé à une autre compagnie du corps est établi au dernier jour du trimestre, et remis au bureau du trésorier le 1er du mois qui suit le trimestre échu.

ART. 214.

Militaire congédié.

1° Aussitôt que le capitaine commandant est prévenu qu'un militaire doit être congédié, il fait parvenir au bureau du trésorier une note indiquant le lieu où il se retire et son adresse; il transmet au même bureau un extrait de compte et un bon de masse signé par lui.

2° Aucune pièce de dépense ne doit être datée par les compagnies et escadrons.

ART. 215.

Militaire en jugement.

1° Le militaire en jugement pour tout autre cas que la désertion reçoit, conformément au tarif ministériel du 4 août 1849, la demi-solde pendant tout le temps de sa détention. Lorsqu'il est acquitté, on lui fait le rappel de l'autre moitié de sa solde.

2° Les journées de geôle du militaire détenu disciplinairement sont payées par le capitaine commandant au concierge de la prison, aussitôt la rentrée du militaire à sa compagnie ou escadron, sur un reçu signé du concierge.

ART. 216.

Militaire s'absentant sans permission au-delà de 48 heures.

Tout militaire qui s'absente sans permission au-delà de quarante-huit heures est porté en mutation, et cesse d'être compris pour la solde et accessoires du lendemain de sa disparition, il ne rentre en possession de la solde de présence que du lendemain de sa rentrée au corps; ce qui est constaté par un certificat du capitaine, visé par le major et le sous-intendant militaire.

ART. 217.

Masse, complet pour les deux armes.

1° Le complet de masse est fixé ainsi qu'il suit :

Pour chaque homme d'infanterie et cavalier non monté.......... 150 fr.
Pour chaque cavalier monté................................... 300

2° L'excédant de masse est payé trimestriellement par le trésorier au capitaine commandant, sur état nominatif, aussitôt que la feuille de décompte a été vérifiée, mais seulement pour les militaires qui sont présents; l'excédant de masse peut n'être pas payé, lorsque le militaire se trouve dans le cas de recevoir des effets de remplacement dans le trimestre suivant. (Instruction d'inspection générale de 1850.)

3° La retenue au profit de la masse individuelle des militaires du corps et pour les oppositions juridiques, est fixée de la manière suivante (décision ministérielle du 18 octobre 1849).

Pour les militaires débiteurs envers la caisse, 1/5 de la solde et 1/10 en sus; pour les militaires non débiteurs, 1/5.

4° La moitié de toute gratification, à quelque titre que ce soit, accordée à un militaire débiteur envers la caisse est versée à sa masse.

DÉSIGNATION des GRADES.		Pour la masse individuelle.				Pour oppositions juridiques.	
		Non débiteurs.		Débiteurs.			
		Par quinzaine.	Par mois.	Par quinzaine.	Par mois.	Par quinzaine.	Par mois
		fr. c.	fr. c.	fr. c.	fr. c.	fr. c.	fr. c.
Adjudants sous-officiers	d'infanterie...	13 »	26 »	19 »	38 »	12 80	25 60
	de cavalerie...	15 50	31 »	23 »	46 »	15 30	30 60
Maréchaux des logis chefs	d'infanterie...	12 »	24 »	18 »	36 »	12 »	24 »
	de cavalerie...	12 50	25 »	18 50	37 »	12 40	24 80
Maréchaux des logis	d'infanterie...	10 50	21 »	16 »	32 »	10 75	21 50
	de cavalerie...	13 »	26 »	20 »	40 »	13 25	26 50
Maréchaux des logis fourriers	d'infanterie...	10 50	21 »	16 »	32 »	10 75	21 50
	de cavalerie...	11 »	22 »	16 50	33 »	11 15	22 30
Brigadiers	d'infanterie...	8 50	17 »	13 »	26 »	8 65	17 30
	de cavalerie...	11 50	23 »	17 50	35 »	11 65	23 30
Gardes	d'infanterie...	6 »	12 »	10 »	20 »	6 45	12 90
	de cavalerie...	8 »	16 »	12 50	25 »	8 35	16 70
Tambours ou trompettes	d'infanterie...	6 »	12 »	10 »	20 »	6 45	12 90
	de cavalerie...	8 »	16 »	12 50	25 »	8 35	16 70

Il est fait aux enfants de troupe au-dessus de huit ans une retenue journalière de 12 centimes sur leur solde, pour être versée à leur masse. Cette retenue est portée à 15 centimes pour ceux au-dessus de quatorze ans. Ces retenues sont comprises, avec la retenue réglementaire de la troupe, en déduction sur les feuilles de solde de chaque quinzaine et portées mensuellement sur leurs livrets. (Voir pour les oppositions juridiques, l'art. 237.)

ART. 218.

1° Le bordereau de reconnaissances d'argent adressées aux militaires est établi en une simple expédition qui reste à la compagnie ou escadron, et sur laquelle l'adjoint au trésorier signe pour reçu de la reconnaissance qui lui est remise par le maréchal des logis chef.

Bordereau de reconnaissances d'argent.

2° Un autre bordereau, dit registre de la poste, est tenu à jour par l'adjoint au trésorier, faisant fonctions de vaguemestre; les militaires émargent sur ce bordereau les reconnaissances qu'ils touchent.

3° Les reconnaissances sont payées aux militaires tous les jeudis, de midi à quatre heures, au bureau du trésorier; le nom des militaires qui ont des reconnaissances à toucher est donné au rapport.

ART. 219.

Appointements des officiers.

1° Les officiers se présentent au bureau du trésorier aux jour et heures indiqués au rapport pour émarger et toucher leurs appointements.

2° Lorsque des officiers s'absentent par permission au-dessus de huit jours, ou pour tout autre motif entraînant mutation, ils se rendent chez le trésorier pour toucher leurs appointements jusqu'au jour de leur départ exclusivement, et signer leur arrêté de compte.

ART. 220.

Masse des fumiers.

Le conseil d'administration administre la masse des fumiers. Il passe, chaque année, des marchés, qui sont ensuite soumis à l'approbation du sous-intendant militaire, pour la vente des fumiers des chevaux de troupe. Sur le produit de cette masse sont prélevés :

1° Le prix de l'abonnement du ferrage des chevaux de troupe ;

2° Les frais occasionnés par le renouvellement et l'entretien des ustensiles d'écurie ;

3° Le remplacement des bâts-flancs pour le barrage des chevaux ;

4° Les frais occasionnés pour prix des médicaments nécessaires aux chevaux.

5° Si la masse des fumiers se trouve insuffisante pour faire face à ces différentes dépenses, le colonel prescrit une retenue sur la solde des cavaliers pour pourvoir au ferrage total ou partiel de leurs chevaux.

6° A la fin de chaque année, lorsque la balance des recettes et dépenses de la masse des fumiers présente un excédant de recette dépassant les besoins présumés du service, le conseil d'administration propose au colonel la répartition de cet excédant entre les cavaliers, d'après le nombre de journées pendant lesquelles ils ont été montés pendant le cours de l'année précédente. (Dépêche ministérielle du 22 mai 1849.)

7° Des états nominatifs de répartition sont en conséquence dressés suivant les bases indiquées ci-dessus ; le capitaine commandant fait émarger ces états aux cavaliers de son escadron. La somme revenant à ceux qui sont en débet envers la caisse est versée intégralement à leur masse. Le capitaine commandant certifie et acquitte ces états et les remet au trésorier chargé d'en effectuer le paiement ; il émarge pour les militaires rayés des contrôles ou en position d'absence : la mutation de ces militaires est indiquée succinctement dans la case d'émargement au-dessus de la signature du capitaine.

ART. 221.

Ferrage des chevaux.

1° Le prix du ferrage des chevaux d'officiers est fixé ainsi qu'il suit :
Par abonnement au mois, 2 fr. 50 centimes ;
Pour ferrure à volonté, 75 cent. par fer.

2° L'abonnement, pour le ferrage des chevaux de troupe, est fixé à 5 c.

3/9ᶜˢ pour les mois d'octobre, novembre, décembre, janvier et février, et à
5 c. pour les autres mois de l'année.

ART. 222.

1° Conformément aux dispositions de l'ordonnance du 30 avril 1841, modi-
fiée par la circulaire ministérielle du 30 novembre 1849 et le décret du 2 mai
1853, les capitaines des deux armes, les lieutenants et sous-lieutenants de cavalerie et les vétérinaires, ont droit, sous les conditions et dans les circonstances
déterminées ci-après, à une indemnité équivalente au prix d'achat de leur monture, qui, dans tous les cas, ne peut excéder 900 fr., lorsque leur monture ne
leur est pas fournie par les dépôts de remonte.

*Chevaux de re-
monte; indemni-
té de remonte.*

2° Lorsqu'il y a lieu d'accorder à un officier une indemnité de première
monture, le conseil d'administration adresse au ministre de la guerre, par l'intermédiaire du sous-intendant militaire, un état de proposition, en simple expédition, accompagné d'un procès-verbal d'acquisition.

3° Lorsqu'un officier du grade ci-dessus désigné doit pourvoir au remplacement de son cheval, il reçoit une indemnité équivalente au prix d'achat de sa
nouvelle remonte, qui, dans aucun cas, ne peut s'élever à plus de 900 fr., quel
que soit le prix du cheval et les réductions dont cette indemnité peut être
passible.

4° Aucun cheval n'est admis, s'il n'est âgé de cinq ans au moins et de huit
ans au plus, et de la taille de 1 mètre 515 millimètres à 1 mètre 542 millimètres.
La durée légale est fixée à sept ans.

5° Le sous-officier promu au grade d'officier reçoit, s'il n'est pas monté, une
indemnité de première monture égale au prix du cheval dont il aura été autorisé à faire l'achat; l'indemnité ne pourra, dans aucun cas, s'élever au-dessus de
900 fr. Le sous-officier qui, au moment de sa promotion au grade d'officier, sera
pourvu d'un cheval reconnu propre à faire un bon service, recevra une indemnité équivalente à l'estimation qui sera faite de ce cheval ; cette indemnité
ne pourra, en aucun cas, s'élever au-dessus de 900 fr. Si le cheval, au contraire,
est reconnu impropre à faire un bon service, il sera réformé et vendu; le prix de
la vente ou le produit de la dépouille, s'il est abattu, sera déduit de l'indemnité
à laquelle il aura droit pour sa nouvelle remonte, qui, dans aucun cas, ne peut
dépasser 900 fr.

6° Le lieutenant d'un des corps de l'armée qui est admis dans la cavalerie
du corps obtient la même indemnité que le sous-officier promu.

7° L'État supplée à la perte du cheval lorsqu'elle ne peut être imputée à l'officier. Dans le cas contraire, l'officier est tenu de concourir aux frais de remplacement. Il subit, à cet effet, des retenues mensuelles dont la somme totale
équivaut à autant de fois la septième partie du prix de la remonte qu'il restait
d'années à parcourir pour arriver au terme de la durée légale du cheval. Toutefois, le prix de la vente du cheval ou de sa dépouille est déduit de la somme
laissée à la charge de l'officier.

8° L'officier qui a conservé son cheval en état de faire un bon service après
sept ans révolus peut recevoir, à titre de gratification, pour chaque année en

plus, une prime équivalente à la moitié de la somme annuellement versée au fonds de remonte. La somme versée annuellement au fonds de remonte, pour chaque officier monté, est de 130 francs.

9° Lorsqu'un officier est mis en non-activité par suppression d'emploi, licenciement de corps, infirmités temporaires ou incurables; lorsqu'il est admis à la retraite ou vient à décéder, le cheval dont il est pourvu devient sa propriété, s'il a atteint sa septième année de service.

10° Lorsqu'un officier est destitué, mis en non-activité par retrait ou suspension d'emploi, en réforme par mesure de discipline ou démissionnaire, le cheval dont il est pourvu, s'il n'a pas accompli sa septième année de service, est livré à un officier ayant droit à une première monture ou à un remplacement. A défaut, il est procédé à sa vente ou livré à un sous-officier, brigadier ou garde, s'il est reconnu susceptible de faire un bon service. Dans ces deux derniers cas, le prix de la vente est versé aux fonds de l'abonnement. Il en est de même de tout cheval d'officier qui se trouve dans l'un des cas prévus par le § 9, lorsque le cheval n'a pas accompli sa septième année de service.

11° Le lieutenant promu au grade de capitaine conserve, comme étant sa propriété absolue, le cheval dont il est pourvu, quel que soit le nombre d'années de service.

ART. 223.

Achat de che-
vaux d'officiers.

Conformément aux art. 281, 282, 284 et 286 de l'ordonnance du 29 octobre 1820, les officiers montés, de tous grades, doivent présenter au conseil d'administration les chevaux qu'ils sont dans l'intention d'acheter, et dont l'admission ne peut être autorisée que lorsqu'ils ont été reconnus propres à un bon service, qu'ils sont bien tournés et de taille convenable comme chevaux d'escadron. Dans aucun cas, ils ne peuvent vendre ou échanger leurs chevaux sans l'autorisation du colonel.

ART. 224.

Réforme de
chevaux.

1° Lorsque, dans l'intervalle d'une inspection générale à l'autre, un cheval est jugé impropre à supporter les fatigues du service pour cause d'usure, vieillesse, blessures ou maladies incurables, le commandant de l'escadron, conformément à l'art. 10 de la circulaire du 15 juillet 1835, fait établir, par le lieutenant de peloton, une demande tendant à la réforme d'urgence, avec indication des motifs de réforme et du signalement du cheval; à cette demande est joint un certificat du vétérinaire en premier, constatant l'infirmité dont le cheval est atteint, et son opinion sur l'urgence de la réforme; cette demande, après avoir reçu en marge l'opinion motivée du capitaine commandant, du chef d'escadron et du lieutenant-colonel, est transmise au colonel, qui prononce, s'il y a lieu, la réforme d'urgence, conformément à l'art. 286 de l'ordonnance du 29 octobre 1820.

2° Le cheval réformé est conduit, sur l'ordre du major, au marché aux chevaux pour y être vendu publiquement, par le commissaire-priseur délégué par le conseil d'administration, en présence d'un sous-officier de l'escadron et du propriétaire du cheval.

3° Aussitôt que la vente du cheval est effectuée, le capitaine commandant adresse au major un bulletin indiquant le montant de cette vente, et le commisaire-priseur en fait le versement entre les mains du trésorier ; ce dernier établit les certificats n° 1 et 2 prescrits par les art. 12 et 13 de la circulaire du 15 juillet 1835 ; ces certificats, la demande de réforme et l'autorisation donnée par le colonel, sont soumis à l'inspecteur général lors de sa revue.

Art. 225.

1° Immédiatement après la mort d'un cheval, le vétérinaire en premier procède à son autopsie, en présence du capitaine adjudant-major des escadrons et du commandant de l'escadron; le vétérinaire adresse au colonel le procès-verbal détaillé de cette opération indiquant la cause de la mort.

Cheval mort ; son autopsie.

2° Le sous-intendant militaire dresse procès-verbal de la perte dans les cinq jours de l'événement.

3° Lorsqu'un cheval est blessé dans un service commandé, soit par suite de chute ou toute autre cause, le capitaine commandant fait dresser, en double expédition, par le chef du détachement, un certificat constatant l'accident, ainsi qu'un certificat de l'artiste vétérinaire en premier constatant l'état de la blessure. Ces deux pièces sont adressées au colonel pour être déposées au dossier du militaire, afin d'y avoir recours au besoin.

Cheval blessé dans un service commandé.

Art. 226.

Aussitôt que le capitaine commandant a connaissance du décès d'un militaire de sa compagnie ou escadron, il se conforme aux dispositions suivantes :

Décès d'un militaire du corps.

1° Il fait parvenir immédiatement au major l'inventaire des effets, l'extrait de compte provisoire de ce militaire, arrêté au jour de son décès, sur lequel figurent tous rappels de solde de présence, d'hôpital ou de congé, l'extrait mortuaire, s'il lui est parvenu, et une note indiquant les renseignements qu'il a recueillis sur les parents ou connaissances du défunt.

2° Deux mois après le décès, il adresse également au major l'extrait de compte définitif de ce militaire, sur lequel figurent alors, s'il y a lieu, les frais d'inhumation et le produit des effets vendus ou versés au magasin du corps. (Voir art. 177.)

3° Dans le cas où ce militaire est décédé à la caserne, ou dans un lieu autre qu'un hôpital, par suite de mort violente, imprévue, ou inexpliquée, il fait constater le décès par le commissaire de police du quartier, et en fait la déclaration à la mairie de l'arrondissement ; il prescrit le transport du cadavre dans un hôpital militaire, conformément à la circulaire ministérielle du 5 novembre 1843, où les frais de transport sont acquittés par l'officier d'administration comptable de cet hôpital, il adresse ensuite un rapport circonstancié au colonel, sur les causes de la mort ; il y joint un extrait mortuaire du militaire et une expédition du procès-verbal du commissaire de police.

ART. 227.

Militaire blessé dans le service.

Lorsque, dans l'exercice de ses fonctions, un militaire reçoit une blessure ou contracte une maladie grave, le capitaine commandant fait dresser, en double expédition, un procès-verbal circonstancié par le commandant du détachement, dont le militaire faisait partie, ou par le militaire lui-même, s'il n'était placé sous l'autorité d'aucun chef, ainsi qu'un certificat du médecin, également en double expédition, constatant la gravité de la blessure ou de la maladie ; ces pièces sont adressées au colonel par la voie hiérarchique, pour être certifiées par le conseil d'administration et visées par le sous-intendant militaire ; une expédition est déposée au dossier du militaire, et l'autre adressée au ministre de la guerre. (Circulaire ministérielle du 4 janvier 1836.)

Art. 228.

Registre d'analyse de procès-verbaux ; signalements des déserteurs.

1º Les procès-verbaux doivent être rédigés dans les vingt-quatre heures, vérifiés et visés par le capitaine commandant ; une analyse se succincte, mais claire et précise de ces procès-verbaux, est inscrite sur le registre d'analyse par le maréchal des logis chef.

2º Les procès-verbaux sont adressés au colonel avec la situation journalière, ou, à une heure, par la voie du maréchal des logis de petite semaine d'adjudant.

3º La série des numéros d'ordre des procès-verbaux et du registre d'analyse recommence par le numéro un, le premier jour de chaque semestre.

4º On se conforme, pour les déserteurs du corps, aux prescriptions de la présente instruction ; quant aux déserteurs et insoumis de l'armée, leur signalement, transmis par les autorités pour les faire rechercher, est inscrit sur la deuxième partie de ce registre, et affiché, en outre, dans chaque compagnie ou escadron, dans un lieu apparent où les sous-officiers et gardes puissent en prendre connaissance.

5º Tout militaire de l'armée en état de désertion ou d'insoumission doit être arrêté par les militaires du corps ; cette arrestation donne droit à une prime de 25 fr. lorsqu'elle a été opérée dans les conditions spécifiées par le décret du 12 janvier 1811, et les militaires arrêtés pour ces deux faits sont conduits immédiatement au bureau de l'état-major de la place. Chaque arrestation donne lieu à la rédaction d'un procès-verbal en triple expédition.

6º Les procès-verbaux visés en débet, hors Paris, sont adressés sans retard au colonel sans cette formalité, à laquelle il est pourvu sans déplacement pour les militaires du corps.

Art. 229.

Registre d'ordres.

1º Les registres d'ordres sont renouvelés le 1ᵉʳ janvier de chaque année. Les anciens registres sont déposés aux archives des compagnies ou escadrons, pour y avoir recours au besoin.

2º La série des numéros commence le 1ᵉʳ janvier de chaque année pour les ordres du corps, de la place et de la division.

3° Les premier et deuxième feuillets sont consacrés à l'établissement de la table analytique des ordres du corps ; les deux derniers, à celle des ordres de la place et de la division. Cette table comprend quatre colonnes : 1° numéro de l'ordre ; 2° numéro du folio ; 3° date de l'ordre ; 4° analyse de l'ordre.

4° Le premier ordre du corps est inscrit sur le recto du troisième feuillet ; le premier ordre de la place ou de la division, sur le recto du troisième avant-dernier feuillet.

5° Les registres d'ordre sont tenus avec régularité et propreté ; la transcription doit être correcte et très-lisible. Chaque feuillet est rempli jusqu'à la dernière ligne, sans laisser aucun intervalle en blanc.

6° Le numéro de chaque ordre est inscrit en marge, sur la même ligne que la date. La date figure entre deux tirets égaux à l'encre ; ces tirets, de même longueur, se correspondent exactement sur chaque feuillet.

7° L'analyse de l'ordre est inscrite en marge, la première ligne de l'analyse correspondant à la première ligne du corps de l'ordre.

8° Les officiers signent le registre d'ordre dans la marge, au-dessous de l'indication de leur grade, et sans étendre leur paraphe sur le corps de l'ordre ou les signatures.

9° L'adjudant-major chargé de la direction du service dicte lui-même les ordres aux maréchaux des logis chefs, réunis à une heure à l'état-major du corps, et les fait collationner, ainsi que les analyses.

10° Le maréchal des logis attaché au bureau du service, à l'état-major, les communique au major et au trésorier. Le secrétaire du colonel les inscrit sur le registre particulier du colonel, et l'adjudant-major chargé de la direction du service, sur le registre d'ordres du corps.

11° Le capitaine commandant est responsable de la tenue du registre d'ordres de sa compagnie ou escadron. La tenue des registres d'ordres est vérifiée tous les mois par les chefs d'escadrons, dans leur bataillon ou escadrons respectifs, et par les lieutenants-colonels, lorsqu'ils le jugent à propos.

Art. 230.

1° Le registre de punitions est tenu correctement et lisiblement, et toujours à jour, c'est-à-dire que les punitions sont inscrites le jour où elles sont infligées.

2° Les folios du registre sont de la même dimension et classés en commençant par le numéro matricule le moins élevé, sans avoir égard au grade du militaire.

3° Les punitions de consigne ne figurent sur le registre que lorsqu'elles dépassent deux jours ; toutes les punitions de salle de police ou prison figurent sur le registre, quelle que soit leur durée.

4° Lorsqu'une punition est augmentée, le chiffre de l'augmentation est porté au-dessous de celui de la première punition.

5° Si la punition est changée de nature, le chiffre de la nouvelle punition est

15 bis.

porté dans la colonne à ce destinée, et l'on passe une petite barre transversale sur celui de la première punition.

6° Si, au contraire, la punition est annulée, elle est biffée au moyen d'un trait horizontal, et l'on inscrit en regard la date de la décision qui l'annule.

7° Lorsqu'un militaire est seulement gracié, la punition figure sur le registre.

8° Le numéro matricule est inscrit au-dessous de l'indication *Numéro matricule* imprimée ; le nom du militaire, écrit en bâtarde, figure à droite de cette indication, sur une première ligne ; au-dessous, et sur une seconde ligne, figurent ses prénoms en petits caractères. La première ligne de la seconde colonne de l'en-tête du folio est remplie par la date de l'arrivée au corps ; au-dessous, et sur une seconde ligne, le grade du militaire, avec la date de la nomination.

9° Le millésime de l'année est inscrit au milieu du folio. Le dernier jour de décembre de chaque année, toutes les colonnes du folio sont totalisées et arrêtées, et le millésime de l'année suivante est inscrit sur la même ligne que ces totaux.

10° La table alphabétique des militaires de la compagnie ou de l'escadron est établie, à la fin de chaque registre de punitions, sur l'imprimé à ce destiné, avec le numéro du folio en regard de chaque nom.

11° Aussitôt qu'un militaire change de compagnie, son folio de punitions est immédiatement envoyé à sa nouvelle compagnie ; s'il quitte le corps, il est adressé au colonel, pour être joint à son dossier, après que la mutation a été portée dessus, en indiquant l'endroit où le militaire se retire, et son adresse. Il est signé par le capitaine commandant.

12° Le capitaine commandant est responsable de la tenue du registre de punitions de sa compagnie ou escadron ; la tenue des registres de punitions est vérifiée tous les mois par les chefs d'escadrons, dans leur bataillon ou escadrons respectifs, et par le lieutenant-colonel, lorsqu'il le juge à propos.

Art. 231.

Livret d'ordinaire.

Le livre d'ordinaire est tenu conformément aux articles 72, 73, 74, 75 et 76 de la présente instruction. Le capitaine commandant vérifie et est responsable de la bonne tenue du livre d'ordinaire de sa compagnie ou escadron, qui doit être arrêté le dernier jour de chaque quinzaine par le lieutenant ayant la surveillance et la direction de l'ordinaire ; les chefs d'escadrons vérifient chaque mois les livres d'ordinaire de leur bataillon ou escadrons ; le lieutenant-colonel les vérifie, lorsqu'il le juge à propos.

Art. 232.

Registre de service journalier.

Le registre du service journalier est tenu par le maréchal des logis de semaine. Il inscrit tous les jours, sur ce registre, les décisions qui concernent seulement le service de la compagnie ou de l'escadron, le nom des hommes de service, punis, en permission ou congé, et exemptés de service par le médecin. Ce registre est vérifié et signé tous les jours, à la parade, par l'officier de semaine. L'officier supérieur de semaine vérifie la tenue de ce registre dans les compagnies et escadrons ; ce registre est renouvelé chaque semestre et conservé aux archives de la compagnie ou escadron.

Art. 233.

Chaque adjudant et chaque maréchal de logis chef est pourvu d'un carnet du modèle adopté par le corps.

Toutes les décisions données par le colonel au rapport du matin et à une heure, ainsi que tous les services commandés par l'état-major, sont inscrits sur ce carnet, qui doit être tenu proprement et constamment à jour. Ce carnet est conservé aux archives de la compagnie ou escadron, lorsqu'il est rempli et remplacé.

Carnet de décisions des adjudants et maréchaux des logis chefs.

Art. 234.

La situation journalière servant à l'établissement du rapport général du corps est remplie de la manière suivante :

Situation journalière ; son établissement pour le rapport général.

1° Les militaires en congé, à l'hôpital, aux eaux, en convalescence, en désertion, en jugement ou détention, sont portés dans les colonnes des absents.

2° Les militaires en permission d'un à huit jours, à la prison ou salle de police, à la maison de justice militaire, pour punition disciplinaire; les malades à la chambre, maréchaux-ferrants, les militaires non habillés, ceux manquant aux appels pendant quarante-huit heures, ceux placés en subsistance dans d'autres compagnies ou escadrons, enfin ceux de garde et de piquet, sont portés dans les colonnes des présents non disponibles.

3° La colonne des présents sous les armes ne comprend que les militaires disponibles pour prendre les armes.

4° Les officiers absents ou indisponibles sont portés nominativement, chaque jour au verso de la situation, avec indication du jour où ils ont cessé leur service.

5° Le militaire qui manque aux appels est porté nominativement pendant quarante-huit heures, sur la situation, en indiquant la date de son absence ; le troisième jour, il fait mutation et figure dans la colonne des absents ; enfin, le neuvième jour, il est déclaré déserteur et figure dans la colonne : *en désertion.*

6° Les demandes de permission de trois à huit jours, les punitions, mutations, les demandes de remplacement provisoire des sous-officiers et brigadiers absents ou indisponibles pour plus de huit jours, et, en général, toutes les demandes qui concerne le service ou l'administration, figurent sur la situation ; toutes les pièces qui doivent parvenir directement au colonel sont jointes à cette situation.

7° Les militaires assignés devant les tribunaux civils ou militaires, ainsi que ceux qui désirent être admis auprès du colonel pour affaires personnelles, figurent sur la situation ; pour ces derniers, ils se rendent chez le colonel à l'heure du rapport ; mais, avant de leur accorder cette autorisation, le capitaine s'assure que ce soit pour un motif sérieux et urgent.

8° Pour toute punition, le capitaine indique si le militaire est nouvellement admis, s'il est bon sujet, candidat; si c'est une punition pour ivresse, il indique le nombre de fois que le militaire s'est enivré et son numéro matricule.

9° A toute demande de permission, le capitaine indique le nombre de militaires de sa compagnie ou escadron, qui sont déjà en permission.

10° Lorsqu'un militaire entre à l'hôpital pour maladie vénérienne ou cutanée, le capitaine indique s'il a déclaré sa maladie et le nom de la femme qui la lui a transmise; la même indication est reproduite à sa sortie de l'hôpital.

11° Les différentes colonnes indiquant l'effectif des chevaux disponibles, indisponibles à l'écurie ou à l'infirmerie, excédant ou manquant au complet, sont remplies très-exactement; les chevaux indisponibles à l'écurie ne doivent pas être confondus avec ceux indisponibles à l'infirmerie.

12° Toutes les mutations des chevaux figurent sur la situation journalière.

ART. 235.

Situation eb-domadaire.

1° Le capitaine commandant adresse chaque dimanche, par la voie du rapport, au lieutenant-colonel et à son chef d'escadrons, une situation conforme au modèle imprimé adopté, indiquant l'effectif de sa compagnie ou escadron, et, au verso, l'état nominatif des militaires qui ont fait mutation pendant la semaine écoulée, ainsi que de ceux qui ont subi des punitions de salle de police et prison ou de consigne au-dessus de deux jours.

Situation pour les prises d'armes.

2° Les jours de prises d'armes, de revues, d'exercices généraux du corps, ou de détail par compagnie, bataillon ou escadron, le capitaine commandant remet à son chef d'escadrons une situation d'effectif conforme au modèle imprimé adopté ; au verso de cette situation figurent nominativement les militaires portés dans les colonnes des indisponibles, avec indication des motifs de l'absence ou de l'indisponibilité; le chef d'escadrons vérifie ces situations et s'assure de la présence de tous les hommes disponibles.

3° Les jours de prises d'armes ou d'exercices généraux, les chefs d'escadrons font établir sur le même modèle, mais numériquement, par leur adjudant, la situation d'effectif de leur bataillon ou escadrons, et la remettent, sur le terrain, au lieutenant-colonel, de leur arme, qui informe le colonel de l'effectif de la troupe.

ART. 236.

Commission de linge et chaussure.

1° Par analogie aux dispositions prescrites pour tous les corps de l'armée, les capitaines commandants se réunissent, le 1er avril et le 1er octobre de chaque année, pour nommer trois d'entr'eux, qui forment, sous la présidence du major, une commission chargée de rédiger et passer les marchés pour l'achat des effets de linge et chaussure et de petite monture, et de procéder à l'examen et à la réception de ces effets, aux époques de leur livraison par les fournisseurs.

2° La commission traite de l'achat de tous les effets non compris dans la nomenclature des effets d'habillement et d'équipement de l'arme de la gendarmerie.

3° Les capitaines composant la commission ne perdent pas de vue qu'ils doivent agir toujours collectivement, et que celui d'entr'eux qui est délégué pour tenir les écritures doit, dans toutes ses relations avec les fournisseurs, signer pour la commission et non en son nom particulier.

Art. 237.

1° Les oppositions juridiques sur la solde des militaires du corps ont un effet continuel jusqu'à ce que ces militaires aient obtenu la main-levée de ces oppositions et qu'elle soit signifiée au trésor ; en conséquence, lorsque le trésorier a donné avis à un capitaine commandant d'une opposition, par l'indication du motif de la retenue sur le bulletin mensuel du premier mois dans lequel l'opposition a été signifiée par le trésor, la retenue du cinquième de solde intégrale, mais sans accessoires, suivant la position, est opérée sans discontinuer, jusqu'à ce que la main-levée ait été notifiée.

2° Lorsqu'un militaire frappé d'opposition entre en position d'absence, ou est rayé des contrôles dans le courant du mois, la retenue du cinquième est toujours exercée sur le total de la solde lui revenant et sans autre avis du trésorier, qui, responsable envers le trésor des intérêts des créanciers, fait imputation d'office, à la compagnie ou à l'escadron dont le militaire fait partie, de la somme qui aura dû être retenue.

3° Le capitaine commandant fait connaître aux militaires placés sous ses ordres, et qui se trouvent frappés d'oppositions, les dispositions des art. 263 et 264 de l'ordonnance du 29 octobre 1820, dont il leur sera fait une application rigoureuse. (Voir le tarif des retenues par grade, art. 217.)

Oppositions.

ERRATA.

Art. 1er, § 13.—Ajoutez à la fin de cet article : *il visite également les cantines et pensions des sous-officiers.*

Art. 2.—Ajoutez : *voir l'art. 186.*

Art. 9, § 3.—Au lieu du 30 de chaque mois, substituez : *le samedi de chaque semaine.*

Art. 18, § 7.—Ajoutez à la fin de ce paragraphe : *il est également chargé de la surveillance spéciale des infirmeries des chevaux.*

Art. 42, § 3.—Au lieu du dernier jour de chaque mois, substituez : *le samedi de chaque semaine.*

Art. 76, § 11.—Ajoutez après le mot reçoit : *chaque jour.*

Art. 99, § 9.—Ajoutez après les mots de garde à la police : *auquel concourent les trompettes.*

Art. 122, § 1.—Ajoutez après le dernier mot de ce paragraphe : *chargé de l'instruction à cheval.*

Art. 134, § 1.—Ajoutez à la fin de ce paragraphe : *les dimanches et fêtes, le schako et la giberne sont découverts.*

Art. 135, § 1.—Ajoutez à la fin de ce paragraphe : *les dimanches et fêtes, le schako et la giberne sont découverts.*

Art. 137, § 12.—Au lieu de un brigadier et deux gardes, substituez : *un brigadier ou maréchal des logis et cinq gardes.*

Art. 150, § 1.—Substituez : *à huit heures du matin en hiver et sept heures et demie en été.*

Art. 173, § 4.—Ajoutez après maréchaux des logis : *maréchaux des logis fourriers.*

TABLE

Des Chapitres contenus dans la présente Instruction.

P